통장에 월세가
꼬박꼬박 쌓이는
수익형 부동산

통장에 월세가
꼬박꼬박 쌓이는
수익형 부동산

최영식 지음

다온북스
DAON BOOKS

대학을 다닐 때 취득한 해상보험 손해사정사 자격증 덕분에 국내 보험사에 쉽게 취업했고 또래보다 높은 월급을 받았다. 남보다 빨리 결혼을 하고 가정을 이루면서 누구보다 순탄한 사회생활이라고 의심하지 않았다.

하지만 시간이 지나면서 다양한 고민이 시작됐다. 우선 언젠 끝날지 모르는 직장생활에 대한 고민이었다. 하늘 같아 보이던 상사가 힘없이 퇴직하는 모습이 곧 다가올 나의 미래처럼 느껴졌다. 아버지는 내가 취직도 하기 전에 불어 닥친 IMF 여파로 다니던 은행에서 지점장으로 퇴직하신 상태셨으니, 더더욱 남 일 같지 않았다. 나 역시 자의든 타의든 언젠가 올 직장생활의 끝을 준비해야 한다는 막연한 생각에 빠져들었다.

하루가 다르게 오르는 서울 집값 기사를 보면서 내 집 마련의 고민도 함께 시작됐다. 대출받아 집을 사고 아이를 낳은 후의 생활비와 늘어나는 자녀 교육비까지 대충 계산을 해봤다. 그 당시 서울시 직장인 평균 은퇴 나이 53세를 기준으로 봤을 때, 매해 늘어나는 지출과 은퇴 준비를 함께 하기는 힘들겠다는 결론이 났다. 그리고 이때 깨달았다. 우선순위는 내 집 마련이라는 것과 은퇴를 준비하기 위해서는 재테크가 필수라는 것을.

그래서 몸을 바쁘게 움직였다. 당시 유명하다는 재테크 카페에 가입하고 수많은 강의를 따라다녔다. 다양한 사람들과 모임을 가지면서, 난생처음으로 재테크를 공부하기 시작한 것이다. 모임에 참여하고 다양한 사람을 만나면서 주변을 둘러봤다. 대한민국 직장인이라면 누구나 비슷한 고민을 안고 있었지만, 막연하게 생각만 할 뿐 아무런 준비도 하지 않았다. 이왕 깨달았다면, 나만큼은 달라져야 했다.

꾸준히 카페 활동을 하다 보니 자연스럽게 재테크에 관심이 쏠렸다. 직장 동료들과 대화를 나눠도 부동산에 대한 이야기가 커졌고, 펀드 정보를 공유하고 주식을 설명하면서 즐거워하는 나를 발견하게 되었다.

"관심사를 일로 바꾸는 건 어떨까?"

문득 그런 생각이 들었다. 그리고 1년 동안 자격증을 여러 개 취득하고 2006년 12월, 다니던 직장을 떠나 당시에는 쉽게 알려지지 않았던 자산관리사라는 새로운 일을 시작하게 되었다.

자산관리사라는 위치는 다양한 사람을 만나고 그들의 주머니 사정을 깊게 듣는 게 일이다. 일을 시작하자, 많은 사람이 대부분 같은 고민을 하지만 결국 고민을 벗어나려는 행동이 부족하다는 걸 더욱 더 잘 알게 됐다.

아무리 대기업에 다니고, 1억 원 이상의 고액 연봉자라고 할지라도 의외로 은퇴 준비에 약하다. 결혼 전에는 결혼 자금을 모으느라, 결혼 후에는 집 한 채 준비하는 데 시간과 돈을 투자했다. 평균 이상의 연봉을 받는 직장인이라 하더라도 대출받고 산 집에 대한 원리금 상환과 자녀 교육비로 빠듯한 생활을 이어나갔다. 그렇게 자녀가 대학교에 가는 시기에는 은퇴자가 되어버리는 게 대다수의 상황이었다. 그런 상황이 닥치면 막막하다는 단어밖에 떠오르지 않을 것이다. 하지만 젊은 시기 마련한 집값이 오른 상황이라면 집을 줄이고, 여윳돈을 마련해 노년을 대비하는 방법을 선택한다.

딱 이 정도가 우리나라 직장인의 라이프 사이클이다. 하지만 집값이 오른다는 예측은 가능하지만, '내 집'이 남들만큼, 혹은 남들 집보다 더 오를 거라는 보장은 없다. 막막함은 절대 해소되지 않는 것이다. 그러다 보니 퇴직금을 활용해서 자영업 시장에 나오게 되고, 자영업에서 실패하면 퇴직금마저 잃은 '노년 빈곤층'으로 살아가게 된다. 그러나 방법은 있다.

젊은 나이 때부터 철저하게 준비하는 방법부터 다달이 월급을 받는 직장인이 아닌, 은퇴 없이 내 사업을 하는 방법까지. 교과서적인 뻔한 방법일지라도 다양하다면 다양한 셈이다. 그렇지만 현실을 돌아보면 다시 막막해진다. 월급은 정해져 있고 내 일을 시작한다고 해도 언제나 성공하는 건 아니다. 실패할 수도 있다는 가정 앞에서는 맥없이 무너지는 이야기다.

우선 이 고민부터 시작해보자. 은퇴 이후에도 다달이 월급처럼 돈이 들어오는 건 무엇이 있을까? 조물주 위에 건물주라는 말 들어봤을 것이다. 월세는 노동 없이 받는 불로소득이라고 생각하기 때문이다. 심지어 초등학생조차 건물주가 꿈이라고 말하는 게 현실이다.

건물주까지는 못 되더라도 내가 사는 집이 아닌 다른 공간을 갖고 있다면, 그 공간을 임대해서 다달이 일정한 돈을 받을 수 있다. 은퇴 시기에 임대사업에 대한 계획을 짜는 사람이 많은 이유다.

그러나 쉽지 않다. 많은 사람이 직접 투자에 뛰어들지만, 생각보다 어려움이 많다. 왜 그럴까? 필연적으로 따라오는 위험이 존재하기 때문이다.

첫째, 공실의 위험이다. 누군가 공간을 사용하고 사용료를 내야 하는데, 그 누구도 사용하지 않는다면 나에게 돌아오는 수입은 제로

인 것이다.

둘째, 세입자의 연체 문제다. 약속을 어기는 쪽은 어디든 생기 마련이다.

임대사업을 시작하면 공실 위험은 필연적이다. 그리고 세입자의 연체와 함께 관리상의 어려움을 다양하게 직면한다. 물론 자영업을 하는 것보다는 위험이 적고 그보다 적은 시간과 노력이 들어가는 것 또한 사실이다. 임대사업도 다른 일과 마찬가지다. 첫 단추가 중요하다. 처음 잘못된 선택을 한다면 견뎌내기 힘든 어려움에 직면할 수 있다.

이 책을 쓰는 이유는 바로 첫 단추 때문이다. 임대사업을 제대로 알게 되면 잘못된 선택을 피할 수 있다. 임대사업은 단순히 돈을 넣고 이자를 받는 일이 아니다. 한 번에 큰돈을 들여야 하는 부동산 투자다. 그래서 더더욱 물건 고르는 안목을 키워야 하고 위험을 예측해야 한다. 건물에 대한 지식은 물론이고, 세금에 대해서도 필연적으로 알아야만 한다.

부동산 투자는 실전이 답이다. 이 책에 쓴 내용은 실제 부동산 현업에서 컨설팅하고 직접 투자 하면서, 임대까지 끝낸 경험에서 나온 내용이다.

수익형 부동산은 한번 사고 끝이 아니다. 투자 이후에도 많은 관리와 노력이 필요하다. 이런 부분을 감안해서 임대사업 전에 반드시 알아야 할 내용을 확인해보자. 다른 어떤 투자보다, 다른 어떤 사업보다 안정적이면서 재산을 지킬 수 있는 방법은 임대사업이라고 생각한다. 이 책을 읽는 독자가 노후도 미리 준비하고 투자로써 미래를 대비할 수 있길 바란다.

차례

PART 1. 난생처음 임대사업!

PART 2. 소액으로 시작하는 안정적인 오피스텔 투자법

PART 3. 실패하지 않는 상가 투자, 짚어 보기

PART 1

난생처음 임대사업!

1

부동산 투자에도
돌파구가 필요하다

투자를 권할 때는
두 가지가 중요하다

지금은 자산관리라는 직업이 많이 알려져 있지만 내가 일을 시작하던 때는 부자들이 받는 은행의 PB 서비스 정도로 여겨지던 시기였다. 나는 금융기관이 아닌 이제 막 시작된 독립 자산관리회사에서 일했는데, 주 수입이 보험상품 판매로 이뤄지는 생명보험 설계사와 다름없었다. 다만 증권사의 펀드 판매가 가능했고 이런 상품 판매로 발생하는 수수료가 수익이 되는 직업이었다. 아직도 변함없이 각 보험사와 금융 관계사에 종사하는 대리점 및 설계사들이 자산관리사라는 명목으로 포장되기도 하지만, 그 당시 스스로 느끼기에는 생각했던 일과 다르다고만 생각했다.

그렇게 생각과 다른 새로운 일을 시작하면서도 고객에게 강조하고 안내했던 내용이 두 가지 있었다.

첫째, 고객에게 제대로 된 재무 계획을 세워주고 가능하면 유리한 상품으로 소개하는 일이었다.

둘째, 개인 투자 경험을 바탕으로 볼 때 결국 우리나라 개인 자산관리 핵심은 부동산 컨설팅이 이뤄져야 제대로 된 컨설팅이라 믿었고 부동산 현장을 누비며 그 경험을 공유했다.

처음에는 주로 내 집 마련을 위한 컨설팅을 했다. 그러다 2006년 아내가 취득한 공인중개사 자격증을 활용해 아파트 및 재개발 지역 빌라 등의 중개를 접목한 자산관리센터도 운영했는데, 이듬해 은퇴자 상담을 하면서 임대 수익형 부동산 투자에 눈을 뜨기 시작했다. 그 일을 시작으로 현재 운영하는 수익형 부동산 컨설팅 회사의 밑바탕이 되었다.

다양한 컨설팅 경험을 바탕으로 많은 사람의 꿈, 임대사업의 실제적인 사례를 수도 없이 지켜보면서 왜 수많은 부동산 투자 중 수익형 부동산에 관심 가져야 하는지 깨달았다. 그러면 이제부터 그 이유를 살펴보자.

아파트 투자만
살길이라고 믿던 시대가 있었다

부동산 열풍이라는 말, 자주 들었을 것이다. 우리나라에서 쉽게 식지 않는 부동산 투자처는 단연 아파트다. 대부분이 청약통장을 가지고 있고 아파트를 잘 사면 인생 역전이 가능하다고 믿고 있다. 실제 아파트 가격 상승세를 보면 그 말이 틀린 것 같지는 않다. 불과 2014년만 하더라도 4억 대였던 마곡지구 아파트는 2018년 12억까지 올랐다.

'똘똘한 한 채'라는 말도 익숙할 것이다. 정부의 규제나, 재산의 한정성 때문에 이왕이면 똘똘한 한 채를 가져야 한다는 최근 유행을

강남구 대치동 은마아파트 84㎡형 매매가 변동 (단위 : 만 원)

해당 년 월	상한가	하한가	등락 폭
2018.01	142,670	148,670	32,670 상승
2017.01	109,000	117,000	19,000 상승
2016.01	90,000	98,000	6,500 상승
2015.01	85,000	90,000	8,250 상승
2014.01	76,500	82,000	5,500 상승

출처: 부동산뱅크

생각하면, 강남권 아파트의 가격 상승은 당연해보인다.

대치동 은마아파트를 보면, 지난 5년간 기록적인 상승세를 보였다. 7억이던 아파트가 14~15억까지 상승했으니 거의 두 배 가까운 상승이다. 이렇다 보니 아파트 투자 광풍은 당연한 일이다.

그 이전에는 어땠을까? 지금처럼 희망적이거나 열광적인 모습은 아니었다. 물론 어떤 투자든 하락과 상승은 당연하다. 하지만 아파트, 내 집이라는 건 보통 사람에게 전 재산을 의미한다. 특히 급여생활자들에게 집은, 다른 재산보다 가장 높은 비율을 차지한다. 그런데 만약 아파트 가격 상승을 노리고, 자신의 은퇴 자산을 하락 시기 직전에 투자했다면 어떤 비극을 초래할지 생각해보자. 아마 상상하기도 싫을 것이다.

강남구 대치동 은마아파트 84㎡형 매매가 변동 (단위 : 만 원)

해당 년 월	상한가	하한가	등락 폭
2013.01	70,500	77,000	12,750 하락
2012.01	82,000	91,000	8,500 하락
2011.01	92,000	98,000	4,000 하락
2010.01	95,000	103,000	15,000 상승
2009.01	81,000	87,000	19,000 하락
2008.01	99,000	107,000	5,500 하락
2007.01	104,000	113,000	31,000 상승

출처: 부동산뱅크

강남 불패라고 하지만 만약 2007년 이 아파트에 투자하고 10년 동안 보유했다고 가정한다면 어땠을까? 원금일 뿐이다. 이처럼 아파트도 상승과 하락을 반복하는 투자재다. 은퇴를 맞이하거나 생활 자금으로 활용해야 하는 자금을 이 시기에 이 투자재에 넣었다면, 후회만으로 끝나지 않았을 것이다.

이제는
임대 수익형 부동산 시대다

만 55세에 달하는 80만 명 가까운 사람들이 매년 은퇴에 내몰리고 있다. 그들에게는 살아야 할 날이 아직 많이 남았다. 하지만 이러한 베이비붐 세대는 자기 부모를 부양하고 여러 안 좋은 사회 상황에 내몰린 자식들을 끝까지 책임지는 세상에 살고 있다. 자연스럽게 자신들의 노후는 뒷전이 된다.

은퇴자 교육 프로그램에서 강의를 듣고 상담 신청을 한 고객의 사례를 보면 베이비붐 세대의 은퇴 이후의 현실을 볼 수 있었다. 다음 표는 공기업에 다니다가 정년퇴직을 한 분의 자산과 수입 지출 사례다.

변경 전 자산 현황		변경 전 수입 지출 현황	
• 금융 자산	300,000,000원	• 금융 자산	2,070,000원
CMA	170,000,000원	국민연금(조기노령연금)	1,100,000원
개인연금	130,000,000원	개인연금 수령액	800,000원
		이자 소득(CMA)	170,000원
• 부동산 자산	730,000,000원		
고양 신축 52평형	550,000,000원	지출 현황(4인 생활비)	4,000,000원
일산 주엽동 아파트	480,000,000원	매월 마이너스 발생액	(1,930,000원)
	(전세 300,000,000)		
자산총계	1,030,000,000원		

　　은퇴 당시의 재산 현황을 보면 10억 이상 자산에 대출도 없는 상태로, 자산 안정성에는 무리가 없어 보였다. 그러나 은퇴자들에 있어서 가장 주목해야 하는 부분은 현금흐름인 수입, 지출 현황이다.

　　자산이 많고 이미 두 자녀의 대학교육이 끝났음에도 연금 소득 외에는 별다른 수입이 없었다. 매월 200만 원 가까운 마이너스 상황이었고 여전히 일할 수 있다는 믿음으로 직장을 찾고 있었지만 쉽지 않다는 말만 되돌아왔다. 또한 앞으로 생길 자녀의 결혼 자금 역시 큰 부담이 되는 상황이었다.

　　과연 자녀의 결혼 자금을 해결하고, 안정적인 소득을 얻는 일은 가능할까? 아마 뾰족한 해법이 없다고 생각할 것이다. 하지만 방법이 아예 없지는 않다.

변경 전 자산 현황		변경 전 수입 지출 현황	
• 금융 자산	330,000,000원	• 수입	4,000,000원
CMA	100,000,000원	국민연금(조기노령연금)	1,100,000원
정기예금	100,000,000원	개인연금 수령액	800,000원
개인연금	130,000,000원	임대소득	2,100,000원
• 부동산 자산	700,000,000원		
30평대 매수	400,000,000원		
수익형 부동산	300,000,000원 (임대사업자 등록)	지출 현황(4인 생활비) 매월 마이너스 발생액	4,000,000원 없음
자산총계	1,030,000,000원		

상담 후 6개월에 걸쳐서 변경한 내용이다. 가장 먼저 한 일은 두 채의 보유 주택을 모두 처분하는 일이었다. 아파트 한 채는 42평, 한 채는 58평으로 모두 중대형 아파트라는 게 문제였다. 대형 평수라는 걸 떠나 큰 자산을 한 번에 매각한다는 일 자체가 쉽지 않은 결정이었다.

이 집을 매도하겠다는 결정이 더더욱 어려웠던 이유는 따로 있었다. 우선 당시 거주하고 있는 50평 아파트는 분양 당시 7억 원이었다. 매도할 시기에는 5억 5,000만 원이었으니, 1억 5,000만 원이라는 손해를 감수해야 했다. 물론 다른 42평 아파트는 4억 8,000만 원에 매각했지만, 일산 1기 신도시 개발 당시 8,000만 원에 분양받았던 아파트다. 이득이라면 이득이었지만 2007년 최고가 6억 원보다는 하락한 가격이었다.

하지만 다시 원래의 문제 해결로 돌아왔을 때 중요한 건 따로 있었다. 자신의 재무상황을 바꾸려 한 이유, 즉 핵심은 월 수익과 지출의 균형을 맞추기 위해서다. 그렇다면 당장의 손해를 아까워하지 않아야 했다. 하지만 매도의 순서는 조금 더 주의 깊게 살펴 양도소득세를 고려해야 한다. 그래서 손해를 본 아파트를 먼저 매도하고, 전세를 주었던 42평 아파트를 매도한 후 같은 단지의 30평 아파트를 매수하는 방식을 택했다.

그렇게 하면 자금 3억 원이 생긴다. 곧바로 오피스텔 5채를 매수했다. 마곡지구에 3채, 구로구에 1채, 경기도 안양에 1채였다. 그렇게 대출이자를 제외하고도 월 200만 원의 임대소득을 얻게 되었다. 또한 CMA와 정기예금으로 현금성 자산 2억 원을 예치했다. 이 돈은 자녀의 결혼을 대비한 설계였다.

결심으로 끝내지 않고 실제 투자로 이어져, 자신의 노후를 준비하고 자녀의 결혼 자금도 해결한 셈이다. 걱정 없이 좋아하는 취미생활을 즐기게 된 그 고객은 자녀를 결혼시키고 손주도 보게 되었다. 현재는 월 20만 원씩 금융상품에 저축해 손주의 대학 등록금을 만들고 있다고 했다.

우리 주변에는 자산은 많지만 은퇴 후 당장 먹고사는 일에 쫓기는 사람이 많다. 결국 이들의 자산 리모델링은 중요한 화두다. 자신의 주거용 자산을 줄이고 이를 활용해 노후를 준비하는 사람은 더욱 늘어날 것이며, 자연스럽게 수익형 부동산이 투자 대세로 전환될 수밖에 없는 이유다.

1~2인 가구의 증가

2010년 인구 주택 총 조사 결과

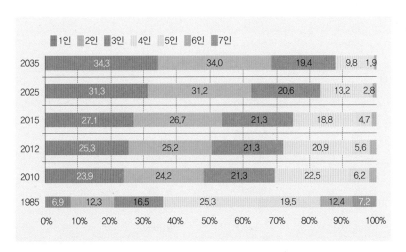

우리나라 주택시장에 가장 영향을 미칠 통계자료는 가구당 가구
원 수다. 1985년 인구 주택 총 조사 결과를 보면 전체 가구 중 4인 이
상 가구가 차지하는 비중이 70%를 차지하고 있다. 25년 후인 2010
년 조사 결과를 보면 3인 이하 가구가 70%를 넘는 정반대의 결과
를 확인할 수 있다. 시간이 흐를수록 1~2인 가구가 증가해 2035년
에는 3인 이하 가구가 90%가 넘을 거라 예측했는데, 이 같은 예측
은 주택시장에 직접적인 영향을 미친다.

아래 아파트는 강남 송파구의 한 단지다. 같은 단지 임에도 불구하고, 면적에 따라 가격 상승 차이가 상당하다.

송파구 잠실동 리센츠 아파트 42㎡형 매매가 변동 (단위 : 만 원)

해당 년 월	상한가	하한가	등락 폭
2018.07	66,500	73,500	10,500 상승
2017.08	57,000	62,000	10,500 상승
2016.08	46,500	51,500	7,750 상승
2015.08	39,500	43,000	3,250 상승
2014.08	36,500	39,500	1,000 상승
2013.08	36,000	38,000	0
2012.08	36,000	38,000	3,500 하락
2011.08	40,000	41,000	3,000 상승
2010.08	36,000	39,000	500 상승
2009.08	36,000	38,000	7,000 상승
2008.08	29,000	31,000	0

송파구 잠실동 리센츠 아파트 109㎡형 매매가 변동 (단위 : 만 원)

해당 년 월	상한가	하한가	등락 폭
2018.07	120,500	151,500	33,000 상승
2017.08	96,000	110,000	15,500 상승
2016.08	84,000	91,000	6,000 상승
2015.08	77,500	85,500	8,500 상승
2014.08	69,000	77,000	5,000 상승
2013.08	65,000	71,000	500 하락
2012.08	66,000	71,000	6,000 하락
2011.08	72,000	77,000	7,000 상승
2010.08	72,000	75,000	1000 하락
2009.08	72,000	77,000	7000 상승
2008.08	65,000	70,000	0

2007년에 분양한 이 아파트의 경우, 당시 재건축 아파트에 대한 규제 중 하나였던 '소형평형 공급 의무 비율'로 인해 어쩔 수 없이 만들었던 평면이 바로 원룸형 42㎡이었다. 실제 분양 당시에도 상대적으로 인기가 낮았고 심지어 '강남 쪽방'이라는 비아냥거림까지 들었지만, 30평 아파트에 비해 훨씬 높은 상승률을 보였다.

왜 이런 결과가 나왔을까? 앞에서 본 바와 같이 1인 가구와 2인 가구의 증가세가 반영된 것이다. 앞으로도 이런 추세는 더욱더 많은 수요를 창출할 가능성이 높다. 앞으로도 투자의 대세는 소형면적 임대 수익 위주로 재편될 가능성이 높다.

저금리, 저성장 시대

아버지는 지방 은행에 다니다 IMF 시기에 퇴직했고 당시 퇴직금과 명예 퇴직금으로 4억 정도의 목돈을 받았다. 그 자금이면 넉넉히 생활할 수 있다고 철석같이 믿었다. 서울에 집 한 채가 있고 4억 원의 현금으로 연 15% 금리를 적용하면 세후 5,500만 원 정도의 연수익이 발생하니 생활에 문제가 없을 거라 생각한 것이다. 그리고 자금 전부를 고스란히 은행에 예치했다. 약간 사족을 붙이자면, 아버지와 가끔 술자리를 갖다가도 그때 얘기가 나오면 강남 개포동에 재건축 아파트 사자고 했던 어머니의 말을 안 들은 걸 후회하신다.

다시 지금으로 돌아와서 얘기해보자. 만약 저금리 시대인 현재, 4억 원이라는 예금으로 생활이 가능할까? 지금은 4억 원을 일반 은행에 예치하면 1년 동안 약 400만 원 정도의 이자 소득이 생긴다. 같은 돈이지만 언제, 어디에 투자했느냐에 따라 수익은 확연하게 다르다. 만약 이 돈을 부동산에 투자했다면 어땠을까? 후회해봤자 소용없지만, 매번 같은 후회를 할 필요는 없다. 과거를 통해 현재의 시장을 읽고 대비해야 한다.

지금 상황에서 고정된 월급이 없는 은퇴자 입장에서는 수많은 부동산 투자처 중 수익형 부동산으로 눈을 돌릴 수밖에 없다. 수익형 부동산은 현재의 저금리 시장이 이끈다고 해도 과언이 아니고 결국 수요가 계속 늘어날 수밖에 없다는 게 나의 결론이다.

은행 금리가 성장세라고 하지만 예전만큼 오르려면 한참 기다려야 한다. 게다가 저성장 시대로 접어들면서 수익형 부동산을 공급할 수 있는 대지의 가격이 오르고, 대지의 가격이 오르다 보니 상가와 오피스텔 같은 건물의 가격도 상승했다. 결국 이는 수익률의 하락으로 이어진다. 하지만 지금의 시장은 수익형 부동산 수익률의 하락보다 경제 성장률의 하락 폭이 더 크고, 금리는 제자리걸음에 가깝다.

물론 단기적으로 금리 상승이 이뤄질 수는 있다. 그렇지만 우리나라 시중은행 금리가 5% 이상 지속하기는 어려울 것이다. 이런 이유를 아는 사람들의 자금은 자연스럽게 수익형 부동산으로 몰린다.

경제 현상이나 그로 인한 결과는 어느 한 가지의 이유로 설명할 수 없다. 모두 복합적인 이유가 접목되면서 하나의 현상을 이루는 게 경제다. 앞에서 얘기한 것처럼 다양한 상황들이 합쳐지면서 점차 수익형 부동산의 수요가 만들어지고 있다.

나는 거시경제 흐름 전문가는 아니다. 또한 가격의 예측 역시 하지 못한다. 하지만 수익형 부동산에 있어서 가장 중요한, 세부적인 가치 평가와 예상 임대료, 공실 염려가 없는 입지에 관해서는 현장 경험을 통해 안목을 키웠다.

이 책은 바로 그런 실무적인 내용과 내 고객의 사례를 엮어서 만들었다. 수익형 부동산은 뜬구름 잡는 경제 현상, 가격의 예측보다 현장의 경험과 부지런한 발품, 그것도 요령 있는 발품이 성공으로 이끈다. 이제부터 수익형 부동산 투자 방법에 대해 하나씩 익혀 나가보자.

경제적 자유를
부동산에서 찾다

재개발 투자로
수익과 손실을 경험하다

일반 직장인과 다름없는 생애주기였다. 결혼 후 신혼생활은 홍제동의 20평대 전세 아파트에서 보냈고 첫 집 마련을 꿈꾸며 청약통장을 만들어 꾸준히 납입했다. 인터넷 카페를 드나들면서 본격적으로 재테크를 해보겠다는 마음이 있었지만 쉽지만은 않았다.

그러던 중 2005년부터 열풍이 불던 서울 뉴타운을 눈여겨 보면서 본격적으로 부동산 투자를 시작했다. 1년간 맞벌이로 모은 금액과 결혼 전 모아두었던 자금을 모두 털었다. 제일 눈이 가는 곳은 강남권 유일한 지역인 송파 거여마천 뉴타운이었다.

꾸준히 물건을 뒤져보고 카페를 통해 다양한 정보를 접하면서 한 빌라를 발견할 수 있었다. 지분 쪼개기로 만들어졌던 대지지분 8평의 빌라였고, 2억 3,000만 원에 매입하면서 드디어 부동산 투자에 첫발을 디뎠다. 처음으로 1억 원이라는 큰돈을 대출받았는데 그 집에는 보증금 5,000만 원에 월세 30만 원으로 사는 세입자가 있었다.

뉴타운 바람이 불면서 무려 1년 만에 빌라가 4억 5,000만 원을 호가했다. 양도소득세 때문에 최고점 가격에서 정리하지 못했지만, 1억 이상의 큰 차익으로 매도해 첫 투자에서 성공을 맛봤다. 이때부터였다. 뉴타운 재개발의 수익성 분석부터 제대로 공부하면서 여러 번 투자에 나섰다. 이때의 공부와 경험으로 재개발 투자 분석을 통해 고객에게 직접 컨설팅도 많이 해드렸고, 성공을 거둔 분도 있었다. 하지만 모든 투자가 좋은 결과를 낳지는 않았다. 좋을 거라고 판단했던 경기도 뉴타운에 투자하면서 손해를 보기도 했다.

그렇게 여러 뉴타운 재개발 사업을 겪고 나서 깨달은 것이 있다. 최소한 조합설립이 완료된 곳, 사업시행인가 이후의 사업지에 투자해야 한다는 것.

2005년 서울시는 25개의 구에 뉴타운 구역 26곳을 지정했다. 그러나 상당수의 뉴타운이 정권이 바뀌고 정책의 변화를 겪으면서 시간이 지체됐다. 심지어 조합까지 설립되었음에도 불구하고 취소가 되기도 했다.

뉴타운 투자에서 손해를 본 이후로 더 이상은 재개발 투자는 하지 않는다. 일단 큰 단점은 시간이 오래 걸린다는 점이다. 하지만 더 큰 이유 중 하나는 재개발 투자는 필연적으로 노후화된 건물에 대한 투자인데, 임대 관리에 어려움을 많이 겪을 수밖에 없다는 이유였다.

아무리 수익이 큰 사업이라 하더라도 시간이 오래 걸리고, 보유하는 기간 동안 다양한 변수를 경험할 수밖에 없는 사업이라면 한 번 더 고민해야 한다. 재개발 투자를 몇 번 겪고 보니 조금은 더 안정적인 투자로 가는 게 낫다고 판단하게 되었고, 그 이후에는 재개발, 재건축과 같은 차익형 투자보다는 임대 수익형 부동산 투자로 방향을 선회하게 되었다.

직접 살아야만 알 수 있는 것들

자산관리사로 일하면서 사업의 어려움을 겪었던 때가 있었다. 사업 투자로 인한 자금 부족으로 어쩔 수 없이 모든 투자 물건을 매도할 수밖에 없었고, 1억 중반의 거주용 부동산을 마련해야만 했다. 나역시 부동산은 당연히 아파트라는 생각으로 아파트를 먼저 봤다. 아파트는 대출 활용이 가능했고 세 가족이 거주하기에 괜찮아 보였다. 그런데 현장에 가 보니 1990년 입주 아파트로 너무 오래된 곳이었다. 주차장이 지상에만 있었고 당연히 복도식 구조였다. 썩 맘에 들지 않았다.

낙심하던 차에 발견하게 된 건 전용면적 15평대의 오피스텔이었다. 마음에 안 들어 고민했던 아파트 근처에 있는 8년 차 오피스텔로, 사무실과 접근성이 좋았고 조금 더 넓었다. 지하 주차장이 있을 뿐만 아니라 모든 가구와 가전을 빌트인으로 활용해 훨씬 더 나은 구조였다.

오피스텔이라고 하면 대개 '시간이 지나면 가격이 하락한다', '공급량이 많아 공실 위험이 높다' 하는 등의 편견을 듣는다. 하지만 실제로 살펴보면 가성비가 높은 곳이 바로 오피스텔이다.

① 지하 주차장 없는 복도식 벽산아파트

② 모든 주차시설이 지하로 배치된 오피스텔

직접 물건을 보고 인터넷을 확인하기 전까지는 오피스텔이 가격이 훨씬 높을 거라고 생각했다. 하지만 오히려 5,000만 원 더 저렴했다. 20평대 아파트 매매가격은 2억 7,000만 원이었고 오피스텔 매매가격은 2억 2,000만 원이었다. 하지만 전셋값은 아파트보다 오피스텔이 더 높았다. 아파트 전셋값은 1억 6,000만 원, 오피스텔은 2억 원이었다.

매매와 전세가가 반대인 이유는 있다. 전세로 들어가는 집이라면 다른 곳보다 신축이면서 주차시설을 중요하게 여기고 따진다. 그러니 세입자 입장에서는 아파트보다 오피스텔 선호도가 더 높을 수밖에 없는 것이다.

이때 주목한 게 바로 임대 시세였다. 전세 2억 원, 월세는 보증금 2,000만 원에 월 100만 원이었다. 계산하면 오피스텔은 약 9% 가까운 수익률이 발생하는 셈이었다. 참고로 당시 금리는 3% 정도였다.

실제 오피스텔에 거주하면서 살고 있는 곳을 임대 수익형 투자처로 소개하기도 했다. 당시 투자 금액과 수익률을 보면 아래와 같다.

매매 자금		매매 후 임대 수익률	
매매금액	2억 3,000만 원	순 투자금	1억 원
취득세	1,000만 원	월세 X 12개월	1,200만 원 (월 100만 원)
임대 보증금	(2,000만 원)	대출 이자(2.5%)	(300만 원)
담보대출금액	(1억 2,000만 원)	순 수익금	9,000,000
순 투자금	1억 원	연수익률	9%

오피스텔에 직접 거주하고 시세를 파악하면서 오피스텔에 대한 편견을 깰 수 있었다. 나는 그곳에서 2년을 채워 살았고, 양도세 비과세 조건을 갖춘 후 매각해 마곡에 있는 아파트를 장만했다.

상가 투자의 가능성을 읽다

처음부터 상가 투자에 관심을 두지는 않았다. 다양한 상가 투자 피해 사례를 접하기도 했고 실제 중개하는 입장이 아니다 보니 큰 관심이 가지 않았다. 하지만 하나는 알고 있었다. 많은 분이 상가 투자를 하고 있다는 것을. 그와 관련된 컨설팅을 하긴 했지만 당시에는 입지보다는 수익과 감정 평가 측면에서 접근했다.

그러다 생각보다 높은 임대료를 보면서 '나 역시 저렇게 초기에 들어갈 수 있는 시장이 있지 않을까?' 하고 생각했다. 막연하게 생각만 하던 상가에 본격적으로 투자한 것은 마곡지구에 입성하면서부터다. 만들어지고 있는 상업지구와 16만 직장인들이 들어오는 기업체 앞 상권이 너무나 매력적으로 다가왔다. 그렇게 큰 모험을 시작하게 됐다.

부동산을 하다 보면 간혹 좋은 물건을 만나기도 한다. 실제로 개인 수익을 비교해보면, 고객에게 물건을 소개하고 버는 수수료 수익보다 직접 투자를 통해 차익을 남기는 수익이 더 크기도 하다.

처음 컨설팅을 할 때 물건을 보는 기준은, 고객의 자금에 맞는 물건을 나의 투자 물건이라고 생각하고 찾는 것이다. 첫 상가 투자를 하게 되었던 물건 역시 바로 그런 사례다. 고객 의뢰로 약 2억 원대로 투자 가능한 아래의 상가 물건을 발견했다.

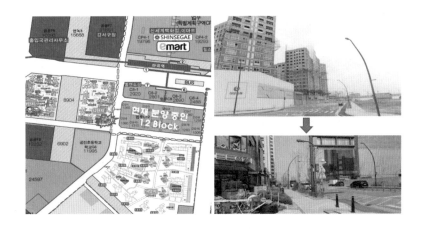

그런데 막상 고객은 상가 입지와 내용을 보고는 배후 세대가 너무 작다는 이유로 상가 투자를 망설이는 게 아닌가. 결국 투자 결정을 미루겠다는 답변을 받았다. 지도상 위치와 상가 투자의 원리인 배후 세대 기준으로 본다면 큰 매력을 느끼지 못할 수 있다. 하지만 나는 다른 이유로 10% 가까운 수익률을 기대했다.

본 물건을 추천했던 이유는 총 3가지였다.

1) 홈앤쇼핑 본사 이전으로 오피스 상주인구 증가가 확보된 상가 였다.
2) 인근 14단지(1,270세대) 내 상가 배치를 보면, 주민들의 단지 내 상가 이동은 40% 정도로 보였다. 60%는 마곡역까지의 이동 경로가 가까운 이 상가를 경유할 것이라 예상했다.

3) 가격에서 장점이 큰 상가였다. 전용 평수 13평이었고 근처 홈
앤쇼핑 회사 입주와 바로 앞 12블록 오피스 단지 입주 시 300만
원 이상 임대료가 가능하리라 예상했다.

아파트 363세대 단지 내 상가로 투자 당시의 사진을 보면, 빈 땅
에 아파트만 있어 보인다. 현장답사의 폐해다. 주변 환경에 눈이 가
려져 입지가 더 좋아지는 게 눈에 안 들어오게 된다. 고객의 마음은
흔들리고 있었지만, 내 마음은 확신에 가득 찼다. 사무실 마련 비용
과 아파트 구입 등으로 자금이 많지 않은 상황이었지만, 너무 아까
운 물건이라는 생각에 오래 알고 있는 고객과 함께 투자에 나서게
됐다. 초기에 적극적으로 프로모션을 진행해 잔금을 내기 전에 대기
업 편의점 임대 계약을 마무리할 수 있게 되었다.

2015년 구입 자금		2016년 준공 후 연수익률	
매매금액	4억 3,000만 원	순 투자금	2억 1,900만 원
취득세	1,900만 원	월세 × 12개월	2,760만 원 (월세 230만 원)
임대 보증금	(3,000만 원)	대출 이자(3.3%)	(660만 원)
담보대출금액	(2억 원)	순 수익금	2,100만 원
순 투자금	2억 1,900만 원	연수익률	9.59%

첫 상가 투자는 나와 고객이 50%씩, 각각 1억 950만 원씩 투자
했다. 수익률표를 보면 알 수 있지만, 예상 임대료보다 좀 낮은 금

액으로 계약이 성사됐다. 그땐 회사가 들어온 상태도 아니었고, 주변 모든 곳이 개발 예정지로 묶여있다 보니 예상보다 낮은 임대료로 측정할 수밖에 없었다. 하지만 2018년 기준 주변 상가들의 경우에는 임대료가 전용면적 기준, 평당 30만 원에 육박했다. 현재 임차인 계약 만기 시점에는 내가 생각했던 수준의 임대료 이상을 충분히 받게 될 수 있는 상황이다.

이 상가는 임대 수익률보다 매매차익에서 큰 이득을 보게 됐다. 2018년 무려 8억 원에 매각할 수 있었다. 이유는 있었다. 2차선 차도 맞은편 오피스 건물 분양이 시작했고, 그 건물 동일 면적의 경우, 12억 이상에 분양되다 보니 자연스럽게 높은 가격에 거래됐다. 결국 보유 기간 동안은 연 9.59%의 임대 수익이 발생했고, 3년 보유한 뒤에 150%의 매매차익을 만들 수 있었다. 상가 투자는 최고의 입지와 가치도 중요하지만, 적정한 가격에 매수하는 것도 중요하다.

집 팔아 투자했던
사거리 코너 상가

나의 투자를 가만히 돌이켜 보면, 늘 고객들에게 소개하다가 분석할수록 너무 괜찮은 물건이라는 걸 깨닫고 직접 투자 하는 경우가 많았다. 다음의 상가 투자도 마찬가지다. 상가를 보다 보면 욕심이 생긴다. 특히 신도시는 더욱 그렇다.

예를 들어 어지간한 상권이 만들어진 곳에 가보면, 중심 사거리 코너에 위치한 상가는 매물로 만나기가 어렵다. 중심 사거리의 코너 상가는 일반적으로 늘 권리금이 발생한다. 권리금이 발생하면 사실 가장 좋은 건 임대인이다. 권리금은 임대인이 아닌 임차인에게 발생하는 수익이지만 권리금이 발생하는 상가의 가장 큰 수혜자는 결국 임대인일 수밖에 없다.

권리금이 있으면 임차인은 월세를 3개월 이상 연체하지 않게 된다. 또한 상가의 가치도 올라간다. 그만큼 위치가 좋아서 생긴 권리금이니, 공실의 염려도 없다.

많은 사람이 사거리 코너의 상가를 찾지만 도시가 만들어지는 단계가 아닌 이상 만나기 어렵다. 내가 투자한 상가 역시 그랬다. 이 상가는 5억 원대로 투자 가능한 상가였고 분양 당시 청약 경쟁률도 높아서 아무나 투자할 수 없었다.

상가 입주 시기는 빠른 편이었지만 기업 입주가 늦어지다 보니 공실의 염려도 있었다. 임대인은 주변 시세보다 낮은 프리미엄으로 긴급 매도 의뢰를 했고, 나는 많은 고객에게 소개했다. 그러나 당시 현장 모습을 보고 선뜻 투자에 나서는 사람은 없었다.

나는 욕심이 생겼지만 여윳돈이 부족했다. 그러나 마곡에 오기 전 오피스텔에 살아 본 경험이 있어 주거환경에 대한 부담이 없다 보니 집을 팔고 오피스텔로 옮기더라도 물건을 사야겠다 싶었다. 그렇게 마곡의 투룸 오피스텔 월세로 이사하는 불편을 감수하고 투자에 나섰다.

다행히 영등포 투룸 오피스텔 이후에 3억 2,000만 원에 매수했던 집이 5억 원까지 올랐다. 그 집을 팔고 충분한 자금을 만들었지만, 우리 가족은 다시 오피스텔 월세 생활로 돌아가야 했다. 하지만 분명 기회가 될 수 있을 거라 믿었다. 누구라도 이런 결정을 하기는 쉽지 않겠지만 과감히 행동으로 옮겼고 다행스럽게도 좋은 결과를 낼 수 있었다.

어떻게 좋은 결과를 냈는지 우선 물건부터 확인해보자.

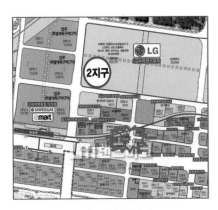

투자 상가의 입지

투자한 상가 지역의 2015년과 2018년

지도에서 보면 알 수 있듯이 마곡지구의 가장 중심인 LG 사이언스파크 주 출입구 앞 사거리 코너에 위치한 상가다. 명의이전을 받자마자 1군 프랜차이즈 업체들에 임대의뢰를 했고 커피숍 프랜차이즈 선임차 계약이 진행됐다. 그렇게 아래와 같은 수익률을 만들게 됐다.

2017년 구입 자금		2017년 준공 후 연수익률	
매매금액	12억 원	순 투자금	4억 4,800만 원
취득세	4,800만 원	월세 × 12개월	5,400만 원 (월세 450만 원)
임대 보증금	(1억 원)	대출 이자(3.5%)	(2,450만 원)
담보대출금액	(7억 원)	순 수익금	2,950만 원
순 투자금	4억 4,800만 원	연수익률	6.58%

전용면적 17평에 1층 상가로, 임대 계약 당시 곧바로 임차계약으로 이어질 수 있었다. 2018년 기준으로 시세는 10% 정도 올라있는 상황이고, 매매가는 최근 분양한 상가에 비교해볼 때, 5억 원 이상의

시세 차이가 가능하리라 생각된다. 하지만 나는 매도할 의사가 없다. 계속 보유하면서 마곡의 상권 변화를 눈여겨볼 예정이다.

단지 내 상가 매도 후 추가로 다른 신도시의 3,000세대 이상 아파트 단지 내 상가를 매수했고, 신도시의 투룸 오피스텔을 매수했다. 부동산 투자를 시작하며 목표로 잡았던 '임대 수익으로 경제적 자유를 누릴 수 있다'는 꿈이 이루어지고 있다. 비록 투자로 집을 파는 무리수를 두기는 했지만, 이익 자금으로 어렸을 때부터 꿈꾸었던 단독주택 타운하우스를 분양받아 이주를 앞두고 있다. 무리수가 기회로 바뀐 셈이다.

경제적 자유는 누구나 꿈꾼다. 나는 주머니 걱정 없이 매달 들어오는 임대소득을 만들고, 고객들에게 수입의 부담 없이 경제적인 조언을 해가면서 사무실을 운영하는 것이 목표다. 자산관리 일에 뛰어든 지 10년이 지나면서 그동안 겪은 많은 경험이 현재를 만들어주었다.

내가 개인 경험을 꼼꼼하게 풀어두는 이유는, 수익형 부동산 투자에 있어서 편견을 갖지 않았으면 하는 바람에서다. 투자에 있어서 편견을 만들면 못 하는 일이 많다. 이미 모두 알고 있다. 그 어떤 투자도 100% 완벽하게 좋은 건 없다는 걸 말이다. 늘 하나씩 위험은 있다. 최소한의 자금으로 안정성을 확인하고, 판단이 옳다고 생각한다면, 행동 자체만으로도 좋은 결과가 뒤따라오기 마련이다.

3

수익률의 기초 개념과
부동산 가치 평가법

수익률의
기초 개념부터 살피자

수익률의 기초 개념은 단순하다. 그러다 보니 "굳이 알 필요가 있을까?"라고 생각하고 넘어간다. 그러나 많은 사람이 수익률의 개념을 이해하지 못해 무리한 투자를 하기도 한다. 수익률의 개념이 얼마나 중요한지 짚어볼 필요성이 있는 이유다.

	3%	5%	10%	15%	30%
1년 후	1.03	1.05	1.10	1.15	1.30
2년 후	1.06	1.10	1.21	1.32	1.69
3년 후	1.09	1.16	1.33	1.52	2.20
4년 후	1.13	1.22	1.46	1.75	2.86
5년 후	1.16	1.28	1.61	2.01	3.71
10년 후	1.34	1.63	2.59	4.05	13.79
15년 후	1.56	2.08	4.18	8.14	51.19
20년 후	1.81	2.65	6.73	16.37	190.05
30년 후	2.43	4.32	17.45	66.21	2,620.00
40년 후	3.26	7.04	45.26	267.86	36,118.86

수익률에 따른 자산의 증가 폭을 보여주는 표다. 매년 꾸준히 위와 같은 수익률이 발생한다면 재산이 몇 배로 늘어나는지를 확인해볼 수 있다. 예를 들어, 내가 10,000원에 산 주식이 매년 10% 상승한다면 1년 후에는 11,000원이 되고, 10년 후에는 25,900원이 된다. 그리고 40년 후에는 452,600원이 된다. 이게 바로 복리에 의한 수익률 개념이며, 모든 투자 상품에는 이런 수익률이 적용된다.

우리나라 KOSPI 시장으로 해석하면, 1980년 1월 100포인트였던 시장이 30년 후 2010년 2000포인트가 되었다고 가정하는 것이다. 우리나라 주식시장은 30년간 20배가 넘는 상승을 한 것이고 연평균 10% 이상 상승한 셈이다.

그렇다면 이 수익률을 최근 상승률이 높았던 아파트에 적용해보자. 2007년 11억 원에 거래되던 강남 대치동 은마아파트와 9억

5,000만 원에 거래되던 양천구 목동의 1단지 아파트는 수익률에 따른 가격 변동을 아래와 같이 예상해볼 수 있었다.

	3%	4%	5%
1년 후	1,133,000,000	1,144,000,000	1,155,000,000
2년 후	1,166,990,000	1,189,760,000	1,212,750,000
3년 후	1,201,999,700	1,237,350,400	1,273,387,500
4년 후	1,238,059,691	1,286,844,416	1,137,056,875
5년 후	1,275,201,482	1,338,318,193	1,403,909,719
6년 후	1,313,457,526	1,391,850,920	1,474,105,205
7년 후	1,352,861,252	1,447,524,957	1,547,810,465
8년 후	1,393,447,090	1,505,425,955	1,625,200,988
9년 후	1,435,250,502	1,565,642,994	1,706,461,038
10년 후	1,478,308,017	1,628,268,713	1,791,784,089

<대치동 은마아파트 101㎡>

2018.06	161,000	186,330	↑ 37,165
2017.09	125,000	130,000	↑ 4,170
2016.09	119,330	125,330	↑ 24,000
2015.09	96,500	100,000	↑ 8,750
2014.09	87,000	92,000	↑ 12,750

2013.09	73,500	80,000	↓ 3,000
2012.09	76,500	83,000	↓ 11,250
2011.09	88,000	94,000	↑ 2,000
2010.09	86,000	92,000	↓ 13,500
2009.09	99,000	106,000	↑ 7,000
2008.09	89,000	102,000	↓ 7,000

2007.09	95,000	107,000	↑ 10,000
2006.09	89,000	95,000	↓ 20,000
2005.09	70,000	75,000	↑ 13,000
2004.09	57,000	62,000	↑ 7,000
2003.09	65,000	66,000	↑ 19,000
2002.09	46,000	49,000	↑ 18,250

2007년 11억이었던 강남 은마아파트 시세 변동 (출처: 부동산뱅크)

	3%	4%	5%
1년 후	978,500,000	988,000,000	997,500,000
2년 후	1,007,855,000	1,027,520,000	1,047,375,000
3년 후	1,038,090,650	1,068,620,800	1,099,743,750
4년 후	1,069,233,370	1,111,365,632	1,154,730,938
5년 후	1,101,310,371	1,155,820,257	1,212,467,484
6년 후	1,134,349,682	1,202,053,068	1,273,090,859
7년 후	1,168,380,172	1,250,135,190	1,336,745,402
8년 후	1,203,431,577	1,300,140,598	1,403,582,672
9년 후	1,239,534,525	1,352,146,222	1,473,761,805
10년 후	1,276,720,560	1,406,232,071	1,547,449,895

< 목동 1단지 아파트 89㎡ >

2018.08	101,500	104,500	↑ 1,750
2017.09	98,000	104,500	↑ 14,750
2016.09	85,000	88,000	↑ 6,000
2015.09	80,000	81,000	↑ 9,350
2014.09	69,000	73,300	↑ 3,150

2013.09	66,000	70,000	↓ 12,500
2012.09	77,000	84,000	↓ 2,500
2011.09	81,000	85,000	↓ 2,000
2010.09	83,000	87,000	↓ 2,500
2009.09	85,000	90,000	↓ 2,500

2007.09	85,000	100,000	↑ 2,500
2006.09	85,000	95,000	↑ 22,500
2005.09	85,000	70,000	↑ 17,500
2004.09	48,000	52,000	↓ 500
2003.09	48,000	52,000	↑ 12,000
2002.09	37,000	40,000	↑ 12,500

2007년 9억 5,000만 원이었던 목동 1단지 아파트 (출처: 부동산뱅크)

이 표를 보면 2017년 강남 은마아파트가 매년 5% 상승했다고 가
정하면 18억 원 정도(2018년 12월 기준 시세는 16억 원 정도)가 되어야
하고, 목동의 아파트는 16억 원 정도(2018년 12월 기준 시세는 10억 원

정도)가 되어야 한다. 하지만 시세를 보면 은마아파트는 연평균 수익률 4.5% 정도를 보였으며, 목동 아파트는 약 3% 정도의 수익률이 나왔다. 2007년부터 2013년까지 큰 하락을 겪었지만 다시 상승하는 모습을 보이며 이런 결과가 나올 수 있었다.

즉, 최근 3년 정도의 기간만 두고 보면 연 평균 20% 이상의 상승을 한 것이 아파트다. 우리가 상승할 때와 하락할 때를 알고, 상승전에 투자해서 하락기 전에 매각할 수 있다면 최고의 수익률을 올릴 수 있겠지만, 이렇게 투자할 수 있다는 건 불가능에 가깝다. 따라서 긴 시간을 두고 평균 수익률을 계산하여 시장을 보는 안목이 필요하다.

아파트 가격은 상승과 하락을 반복한다. 최근 아파트 시장을 보면 우려스러운 점이 몇 가지 있다. 자기 자본비율을 낮게 설정하고 고가의 아파트에 투자하는 경우다. 하지만 위의 표를 보면 알 수 있듯, 아파트도 결국 안전 재산이 아니다. 가격이 떨어질 때는 크게 떨어질수도 있다는 점을 알아야 하고 긴 시간을 두고 변동을 살펴야 한다.

수익형 부동산의 가치 평가: 수익가격 환원법

매매가격 차익을 염두에 두어야 하는 아파트와 같은 부동산 투자는 예상치 못한 변수에 의해 자산 자체의 변동이 크다. 반면 약간만 시장 조사를 해보면 적정 임대료를 파악할 수 있는 게 바로 수익형 부동산이다. 적정 임대료를 파악하면 이를 바탕으로 매매가를 확인할 수 있고 오히려 변동을 예상할 수 있어 안정적인 투자가 가능하다.

임대료로 적정 매매가치를 확인하는 방법으로는, 수익가격 환원법이 있다. 그렇다면 임대 수익으로 적정 가격을 찾는 방법을 알아보자.

2009년 한 부동산 TV 담당자와 함께 일본으로 부동산 답사를 다녀온 적이 있다. 그때, 일본의 아파망숍이라는 부동산 중개회사에 방문하여 아래의 부동산을 확인했다.

■ **도쿄 긴자 인근의 도시형 생활주택**
- 전용면적: 30㎡
- 월 임대료: 20만 엔
- 매매가: 4,700만 엔
- 관리비 및 시설 보수비: 임차인 부담
- 임대 수익률: 5% 적용

일본 부동산 담당자에게 일반 투자 물건 중 괜찮은 물건을 추천해달라고 했을 때 보여준 물건이었다. 일본에서 부동산 가치를 평가할 때 임대료가 기준이라는 정보는 이미 알고 있는 상태였다. 왜 이 물건을 도쿄 긴자가 인근의 주거용 물건으로 추천해주었는지 물어보았다.

그의 설명은 이랬다. 일본 부동산은 임대료 기준 5%를 적용하여 매매가를 산정한다는 것이었다. 그러니 물건의 월세가 20만 엔으로 연 임대료가 240만 엔이었을 때, 240만 엔이 5%가 되는 4,800만 엔 (240만 엔 / 5% = 4,800만 엔)이 정상적인 가격인 것이다. 하지만 매도 인이 급하게 100만 엔을 할인해서 내놓은 물건이기에 가장 좋은 물 건이라고 설명했다.

담당자의 설명을 듣고 뭔가로 머리를 한 대 맞은 느낌이었다. 특 별하게 어려운 방식이 아니었다. 담당자의 방식으로 부동산의 가치 를 평가하고 거래한다면 합리적일 것 같다는 생각이 들었다.

왜 5%인지를 물었다. 그때, 담당자는 부동산의 가치 평가는 아래 와 같이 평가하기 때문이라고 대답했다.

> 임대 수익률 가격 = 위험 수익률(3%) + 예금 금리

통상 우리는 무위험 수익률, 즉 아무런 손실의 위험 없이 받을 수 있는 수익을 예금 금리로 본다. 그리고 부동산에 투자할 경우, 발생 할 수 있는 손실이 있는데, 공실 위험, 세금, 감가상각 등이 대표적이 라 할 수 있다. 주거용 수익형 부동산에서는 경험상 이런 위험을 3% 로 정하고, 나머지 시중은행의 금리를 더해서 가치를 평가한다는 것 이었다.

당시 일본의 시중은행 금리 중 가장 높은 곳이 2%였으므로 이를 더해서 5%로 시장 가치가 정해진 것이다. 은행의 금리만 안다면 부동산 가격이 예측되고 이를 바탕으로 거래된다는 구조가 참신했다. 그리고 한국으로 돌아오자마자 사무실 인근에서 일본의 원룸 건물과 유사한 오피스텔 한 곳의 시세를 조사했다. 그리고 놀라운 사실을 알게 됐다.

■ **영등포구 양평동 오피스텔**
- 전용면적: 38㎡
- 임대료: 보증금 1,000만 원, 월 70만 원
- 매매가: 1억 5,000만 원
- 임대 수익률: 6%
- 2018년 시세: 매매 2억 5,000만 원(금리 하락, 월세 상승), 보증금 1,000만 원, 월 90만 원
- 매매가 대비 수익률: 4.5%

영등포의 한 오피스텔로, 시세는 1억 5,000만 원이었고 임대료는 보증금 1,000만 원에 월세 70만 원이었다. 정확하게 매매가 대비 6%의 수익률로 당시 시중은행 금리가 3% 수준인 것을 고려해보면 우리나라에서도 은행 금리 + 3% 정도의 시세로 거래되고 있었다.

최근 다시 시세를 살펴보니 임대료가 보증금 1,000만 원에 월세 90만 원이었고 매매가는 2억 5,000만 원이었다. 실제 수익률을 계산해보면 4.5%의 임대 수익률이다. 2018년 기준 은행 금리가 1~1.5% 사이라고 할 때도 정확하게 지켜지고 있는 셈이다. 서울, 경기 지역의 주거용 오피스텔은 4.5%로 역산을 하면 분양가의 적절성을 파악할 수 있다.

예를 들어서 다시 설명하자면, 보증금 1,000만 원, 월 임대료 50만 원 물건은 다음과 같이 계산된다.

(50만 원×12개월) / 4.5% + 1,000만 원

= 1억 4,333만 원 (실제 값: 143,333,333)

- 매매가 = [{(월 임대료×12개월) / 목표 수익률} + 보증금]

주변 임대료 시세와 비교했을 때, 1억 4,000만 원 이상의 금액을 주고 본 물건을 투자한다면 결국 적정 시세보다 높은 가격에 투자하는 셈이다. 물론 위험수익률은 공실 위험에 따라 각각 다르다. 그래서 진짜 수익형 부동산 전문가는 바로 이 수익률을 판단할 수 있는 안목이 있느냐 없느냐로 판단되기도 한다. 일본을 다녀온 이후로 수익형 부동산 유형에 따라 판단하는 기준이 생겼다.

현재 금리로 본다면 다음과 같은 기준을 제시해본다. 물론 다음 내용이 투자에 접목할 때 100% 적용할 수 있다고 할 수는 없다. 하지만 이론서에 있는 내용이 아닌, 실제 상가 및 오피스텔 컨설팅을 하면서 쌓은 나만의 노하우다. 안 보고 투자하는 것보다 참고하고 투자하는 게 분명 더 도움 될 것이다.

상가는 층마다 다르게
판단해야 한다

1층 상가 수익가격 판단 기준

1층 상가
적정 수익률: 3~4.5% (지역 상권 확장 가능성 등을 감안)
예시: 5,000/250만 원 월세 시(4%적용 예시) (250만 원 × 12개월) / 4% + 5,000만 원 = 800,000,000원
1층 상가는 상대적 공실율이 낮다는 장점으로 높은 가격 에 매매 되는 경향이 있다.

수익형 부동산에서 많은 사람이 선호하고, 가격이 높게 거래되는 물건이 바로 1층 상가다. 시장에서 공실 위험을 낮게 평가받지만, 매매가격이 높아 임대 수익률이 5%를 넘는 경우가 많지 않다. 또한 임대료 및 매매가 상승에 대한 기대심리가 높다. 따라서 1층 상가는 은행 금리 + 3%의 수익률을 적용하기에는 무리가 있다.

지역과 상가의 위치 등에 따라 가격은 천차만별이다. 그렇지만 사진 속 상가를 기준으로 볼 때 업종이 잘 맞춰져 있고 대기업 앞에 있다는 장점이 있다. 미래 상승 가능성이 높은 지역이다. 코너 자리에 있는 상가의 경우에는 은행 금리 + 1.5% 수준으로 보고, 일반 아파트 및 주택가에 위치한 경우에는 은행 금리 + 3%로 본다. 이 부분은 현장 방문을 통해 결정할 필요가 있지만, 그전에 이러한 방식을 적용해보고 시세를 판단한 뒤에 가면 더 빠르게 결정할 수 있을 것이다.

2층 상가 및 오피스텔 수익가격 판단 기준

2층 상가 / 오피스텔
적정 수익률: 4.0~5.5% (향후 매매가 인상 가능성 및 임대료 인상 가능성 등 고려)
예시: 1,000/50만 원 월세 시(서울 4.5%적용 예시) (50만 원×12개월) / 4.5% + 1,000만 원 = 143,333,333원
오피스텔 서울 역세권은 4.5%, 경기도는 5% 적용하여 적정가격 산출

2층 상가는 미용실, 식당 그리고 은행이나 증권사 같은 금융기관 등이 입점하는 편이다. 아무래도 1층보다 접근성은 떨어지지만, 중심 대로변 상가에서 넓은 면적이 필요한 업종들이 차선책으로 2층을 선택하는 경우가 많다.

어느 정도 상권이 갖춰진 곳이라면 공실 위험이 높지 않고 위험도는 오피스텔과 비슷하다. 시장에서 형성되는 가격을 보면 임대료 대비 4~5.5% 수준이다. 오피스텔 경우에도 서울권은 최근 분양가격의 상승과 매매수요의 변화 등으로 4% 정도로 형성되고 있으며, 경기는 대략 4.5~5% 지방은 5.5% 수준 정도로 매매가격이 형성된다.

결국 가격이 공실 위험과 미래 가치로 결정되는 점을 고려해보면, 시장에서의 자정력으로 가격이 형성된다는 걸 알 수 있다. 이를 바탕으로 시세를 조사하고 저평가된 물건을 찾는다면 위험하지 않은 투자가 가능해진다.

3층 이상 상가 및 오피스, 지식산업센터

3층 이상 상층부 상가
적정 수익률: 5~6% 임차 안정성 및 업종 고려 (병원 5%, 학원 5.5% 등)
예시: 3,000/120만 원 월세 시(학원 5.5%적용 예시) (120만 원 × 12개월) / 5.5% + 3,000만 원 = 291,818,818원
최근에는 면적대비 가성비가 높은 상층부 상가에도 차익이 큰 경향을 보임

역세권 중심 상업지역 및 업무지역 상가 건물 3층은 의외로 공실이 많다. 하지만 상층부도 업종에 따라서는 가격 대비 괜찮은 수익률이 나오기도 하고 중견기업 사무실이 입점한 경우에는, 알차게 임대 수익을 받는 투자가 될 수 있다. 그렇다 하더라도 공실 위험과 매매가 어려운 점을 고려해서 은행 금리 3.5~4.5% 정도의 수익으로 매매가격을 예측해야 한다.

다른 특이점 중 하나는 상층 상가에 들어가는 업종에 따라 수익률을 달리 생각해야 한다는 것이다. 예를 들면 시설 및 집기가 많이 들어가는 병원과 같은 업종은 같은 층에 있더라도 0.5% 정도 낮게 판단해야 하고 폐업률이 낮은 학원도 안정적인 투자 업종 중 하나다. 병원의 경우에는 통상 시설비가 많이 들어가기 때문에 임대료 인상 요인과 매매가 상승의 요인이 조금 더 높다는 점을 고려해야 한다. 그리고 학원 상가는 한 번 자리를 잡으면 임대료 및 매매가 상승요인은 덜하지만 안정적인 점을 감안하여 병원보다는 낮은 기준을 적용한다. 물론 이 부분이 원칙은 아니다. 실제 임대와 매매 사례를 보면 거의 비슷한 수준에서 결정되는 점들을 적용해본 것이다.

상층 상가 투자
성공 사례

　지금 소개할 고객 투자 사례는 일반인들이 투자하기에는 어려움이 있는 물건이었다. 특히 수익형 부동산 중 상가는 아파트와 달리 시세라는 게 없는 경우가 많다. 따라서 수익가격을 활용한 가치 판단이 더욱 중요하다.

　상가의 경우에는 시장에서 보면 수익률이 높고, 공실 염려가 없음에도 말도 안 되게 싼 가격에 나오는 경우가 간혹 있다. 다음 사례가 바로 그런 사례인데, 편견을 버리면 어떤 투자가 가능한지 살펴보자.

- **아파트 단지 내 3층 상가 투자 사례** (영등포구 263세대 아파트)
  - 3층 3개 호실 합계: 전용면적 29.16평, 대지지분 21평
  - 매매가격: 210,000,000원

상가 투자의 기본 개념으로 계산한다면 투자에 적합한 물건은 아니다. 일단 단지 내 상가임에도 불구하고 3층에 위치했으며, 253세대로 매우 작은 배후 세대수를 가졌다. 물론 인근에 낙후된 준공업지역과 빌라지역이 있었지만, 상권에 크게 영향을 주는 수준은 아니었다.

외부 모습만으로 따지고 봐도 투자 대상 물건이라고는 볼 수 없었다. 건물도 낡아서 매수자가 없다 보니 전용 30평에 2억 1,000만 원으로, 공시가격 3억 2,000만 원보다 훨씬 낮은 가격으로 나온 물건이었다. 하지만 다행히 3호실 전부 사무실로 활용 중이었고, 10년 이상 같은 세입자가 같은 가격으로 임차 중이었다.

각 호실의 임대료는 보증금 500만 원에 월세 40만 원이었다. 주변 시세를 조사해보니 적정 임대료는 보증금 1,000만 원에 월 50만 원 정도라는 걸 확인할 수 있었다. 당장 임차된 수익률만 보더라도 7.4%의 수익률이었다.

임대료를 근거로 적정 매매가를 예상했다.

(150만 원 × 12개월) / 6% + 보증금 1,500만 원 = 3억 1,500만 원

금리가 낮아지다 보니 실제 거래된 금액은 3억 3,000만 원으로, 내가 제시했던 적정 시세보다 높게 거래되었다. 실사용자에게 매각이 되다 보니 조금 높게 거래된 감은 없지 않지만, 이처럼 싸게 산다면 투자의 기회는 열려 있다. 물론 주변 환경이 정비된 덕분이기도 했지만, 결국 다시 한번 금리와 수익률에 의해 매매가격이 결정되는 것을 확인할 수 있었다. 결국 투자자는 투자 기간 동안 임대이익을 얻고, 매각 차익까지 같이 얻게 되었다.

4

수익형 부동산
유형별 특징

수익형 부동산은 투자로 월 임대소득을 얻는 부동산 투자다. 이런 수익형 부동산이 되기 위해서는 몇 가지 조건이 있다.

우선 수익형 부동산이라 함은 매월 월세가 나와야 한다. 그리고 무위험 수익률의 기준인 은행 금리 이상의 수익률이어야 한다. 최근 아파트 투자는 전세가 비율이 낮고 매매가 비율이 높아 실제 임대 수익률은 은행이자보다 낮게 나온다.

잠실의 한 아파트를 보면 20평형대 소형평수 매매가격이 2018년 기준 15억 원에 거래되고 있다. 이곳은 보증금 1억 원에 월세 180만 원의 임대 시세가 형성되어 있고 수익률을 계산해보면 1.54%다. 20평대 아파트임에도 이 정도 수익률이라면, 면적이 넓어질수록 수익률은 떨어지기 마련이니, 더 낮을 것이다. 따라서 이런 경우에는 수익형 부동산 투자 대상이 아니다. 최소 3% 이상의 수익률이 되어야 수익형 부동산이라고 볼 수 있다.

그럼 수익형 부동산은 유형별로 어떤 특징이 있는지 비교해보자. 수익형 부동산은 다양하다. 심지어 토지를 산 뒤에 창고 공간으로 임대하거나 주차장 용지로 이용해 월세를 받아도 수익형 부동산이라고 볼 수 있다. 하지만 보편화 된 물건은 아니니, 우선 지금은 일반적인 수익형 부동산 위주로 살펴보기로 하자.

	오피스텔	상가	오피스/ 지식산업센터	소형 빌라
취득세	4.6%	4.6%	4.6%	없음
공실 위험	낮다	낮다/높다	중간	중간
개발 이익	낮다	중간	낮다	중간
임대 수익률	5~7%	0~10%	0~10%	4~5%
보유 비용	0.5%	0.5%	0.5%	0.1%
환금성	중간	낮다/높다	낮다	낮다
투자 금액	1억 미만	1억~10억 이상	1~2억 내외	1억 미만

오피스텔

오피스텔은 임대사업을 처음 하는 사람이 투자하기에 가장 적합하다. 일단 공실 위험이 낮다. 오피스텔의 특징은 인구밀도가 높은 준주거지역, 업무지역, 상업지역에 들어설 수 있는 물건이라는 점이다. 또한, 최근 1~2인 가구가 급속도로 증가해 수요가 늘어나면서 더더욱 공실 위험이 낮다. 물론 관리하기에도 유리하다. 아파트와 유사하게 관리사무소가 있고, 기반시설이 있기 때문이다. 또한, 1억 미만으로 소액 투자도 가능해 임대사업 초보들에게 적절하다.

상가

상가는 어느 정도 임대사업을 경험해본 분들에게 투자를 추천한다. 위험은 경험으로 인지해야 하기 때문이다. 하지만 다양한 위험에도 불구하고 많은 부동산 투자자들이 상가 투자에 나서는 이유는 분명하다.

일단 임차인이 초기 인테리어와 같은 비용을 감수하고 들어오게 된다. 따라서 어느 정도 상권이 자리 잡히면 관리도 수월하고 매년 임대료 상승을 노릴 수 있다는 장점이 있다. 그렇지만 상가는 오피스텔에 비해 상대적으로 투자 금액이 높다. 게다가 잘못 투자하는 경우 공실의 위험 또한 크다. 극과 극인 이유이지만, 그만큼 상가는 투자에 나서기 전에 세부적으로 많이 알아봐야 하며, 어느 정도 경험이 쌓인 후 도전해야 할 투자처이기도 하다.

다음 사례는 상가의 위험성을 잘 보여준다.

서울남부지방법원		매각기일 : 2017-03-22 10:00~ (수)		담당계 : 경매 3계 (02)2192-1333(구내:1333)	
소재지	서울특별시 구로구 구로동 ███████		제1층 제290호		
물건종별	상가(점포)	채 권 자	███ ███, ███████	감 정 가	289,000,000원
대지권	2.26㎡ (0.68평)	채무자	████	최 저 가	(7%) 19,860,000원
전용면적	10.2㎡ (3.09평)	소유자	████외1명	보 증 금	(20%)3,972,000원
입찰방법	기일입찰	매각대상	토지/건물일괄매각	청구금액	162,850,425원
사건접수	2015-04-08	배당종기일	2015-06-22	개시결정	2015-04-09

기일현황 ◉ 입찰

회차	매각기일	최저매각금액	결과
신건	2015-10-14	289,000,000원	유찰
2차	2015-11-18	231,200,000원	유찰
3차	2015-12-22	184,960,000원	유찰
4차	2016-02-02	147,968,000원	유찰
5차	2016-03-15	118,374,000원	유찰
6차	2016-04-19	94,699,000원	유찰
7차	2016-05-24	75,759,000원	유찰
8차	2016-06-28	60,607,000원	유찰
9차	2016-08-16	48,486,000원	유찰
10차	2016-09-21	38,789,000원	유찰
11차	2016-10-26	31,031,000원	매각
	███████/입찰1명/낙찰33,200,000원(11%)		
	2016-11-02	매각결정기일	허가
	2016-12-15	대금지급기한	미납
11차	2017-01-10	31,031,000원	유찰
12차	2017-02-14	24,825,000원	유찰
13차	2017-03-22	19,860,000원	

　　2002년에 분양했던 구로구의 상가다. 분양 당시 2억 3,000만 원이었고 1층 내부 업종은 의류 쇼핑몰이었다. 그렇지만 이 상가는 꾸준히 공실 상태였다. 그러다가 경매에 나왔다. 처음 감정가는 2억 8,900만 원이었지만 12차까지 유찰되면서 결국 감정가의 1/10에도 못 미치는 가격으로 내려갔다. 하지만 여전히 주인을 찾지 못했다.

　　왜 이런 물건을 피하는 걸까? 만약 이 물건을 낙찰받게 된다면 밀린 관리비에 연체료를 낙찰자가 부담해야 한다. 낙찰받은 금액보다 훨씬 더 높은 비용을 지불해야 하는 상황을 마주하게 되는 것이다. 게다가 임대하는 것 역시 까다롭다. 이곳 1층의 패션몰 상권이 어려워졌기 때문이다. 이처럼 아무리 교통이 좋고 대로변 역세권 건물이라도 예측하기 어려운 게 상가다.

오피스, 지식산업센터

주거용 오피스텔 및 빌라와 같은 주거용 부동산과 대비되는 수익형 부동산으로 오피스가 있다. 법인 임차인들이 주를 이루므로 한번 들어오게 되면 오랜 기간 임차한다는 장점이 있다. 주변 고객 한 분은 10년째 보험회사에 임대를 하고 있는데, 연 10% 이상의 임대 수익률을 올리면서 매년 꾸준한 임대료 상승까지 누리고 있다.

하지만 최근 지식산업센터 및 오피스 등의 과잉 공급으로 공실 우려가 커지는 부분은 문제다. 특히 오피스는 광역적인 개념으로 접근할 필요가 있다. 앞서 보여준 대로 환금성도 낮고, 공실 위험이 커지는 상황은 주의해야 할 부분이다. 또한 상대적으로 환금성을 감안해서 임대 수익률 5% 이상 물건에 투자해야 한다.

소형 빌라, 도시형 생활주택

소액 투자 대상으로 빌라를 살피는 경우도 많다. 하지만 임대사업 초보자라면 하지 않는 게 좋다. 일단, 오피스텔이나 오피스 등은 건물의 하자 발생 시 관리사무소가 있어서 해결하는 데 어려움이 적다. 하지만 빌라의 경우, 모든 문제의 해결을 주인이 나서야 한다. 저가 매수를 노리면 수익률이 높을 수는 있지만, 임대사업 경험이 없는 사람에게는 어려울 수밖에 없는 다양한 문제와 마주하기 마련이다.

물론 빌라 및 다세대 주택의 경우, 재개발 지역으로 지정되는 경우에 큰 차익이 생기는 장점이 있다. 하지만 이런 경우는 주변이 많이 노후화됐을 때 생기는 일이다. 당연히 해당 주택도 오래된 건물일 수밖에 없으니 관리의 어려움이 발생한다.

최근 재개발 붐이 불어 일부 지역에서 가격 상승이 이뤄지고 있다. 하지만 재개발 지역이 아닌 경우에는 환금성이 떨어지는 단점이 너무 크게 와 닿는다. 투자에 있어 정답은 없다. 소액으로 투자할 수 있고 재개발 지역 선정 및 개발 호재가 있을 때 고소득을 노릴 수 있는 물건이지만, 일반 초보 투자자들이 접근하기에는 어려움이 큰 것도 사실이다.

유형별 특징들을 살펴보았다. 이 내용이 전부라고 하기에는 너무 간단하다. 이것만으로 판단하기에 너무 다양한 변수들이 존재하는 게 임대 수익형 부동산 투자다. 다음 장부터는 수익형 부동산 투자에 대해 더 자세히 알아보려 한다. 투자 물건별 장단점은 분명하다.

이 부분을 하나씩 살펴보고 내 상황에 맞는 투자를 할 수 있도록 자세히 살펴보자.

PART 2

소액으로 시작하는 안정적인 오피스텔 투자법

1
사람들의 눈에서 멀어지는 순간, 관심을 두자

주거용 수익형 부동산:
오피스텔 투자

우리가 흔히 임대사업이라 하면 큰돈이 드는 일이라거나, 부자나 할 수 있는 투자라고 생각한다. 하지만 1,000만 원에서 2,000만 원으로도 얼마든지 임대사업을 시작할 수 있다. 부동산 임대사업에 있어서 소액에 가까운 금액으로, 1억 원 이하로 임대사업을 시작한 사람들은 생각보다 많다. 최근 은행 이자율이 낮은 현실 앞에서 임대 수익 부동산에 관심을 갖는 사람들은 더욱 늘어나고 있다.

오피스텔 투자 상담을 하다 보면 많은 분들의 다양한 편견을 들을 수 있다. 가장 먼저 갖는 편견이 오피스텔은 사는 순간부터 가격이 내려간다는 얘기다. 그리고 또 하나는 시간이 지나면 팔리지 않는다는 말이다. 게다가 공급량이 많아 공실 위험이 커 손해를 입을 수 있다는 말을 생각보다 자주 듣게 된다.

지금껏 오피스텔 공급량이 많았다는 사실을 정확한 수치로 확인해보자. 1986년부터 공급 시작된 오피스텔이 2010년까지 23만 가구가 공급됐다는 걸 확인했을 때, 25년에 걸친 공급이라 해도 많은 건 사실이다.

그렇다 보니 소형 가구에 대한 공실 리스크가 커졌다. 지역에 따라 다르지만 일부 임대 수익률이 하락하고 공실의 상황이 빚어진 곳도 있었다. 오피스텔 투자에 대한 사람들의 편견이 그저 소문뿐인 건 아니었다.

하지만 아이러니하게도 고객 중 가장 큰 수익을 본 사례가 오피스텔이었다. 어떻게 가능했을까? 오피스텔 투자에서 중요한 점 몇 가지를 살피면, 수익 올리기는 생각보다 쉽다. 사례와 함께 살펴보자.

마곡에 사무실을 열고 상담을 진행할 당시, 주요 상담 부동산 상품은 오피스텔이었다. 마곡지구는 2013~2015년까지 거의 13,000호실이 넘는 오피스텔 공급 지역이었고 분양 오피스텔 컨설팅을 주로 하던 내 입장에서는 과잉 물량에 상당히 어려운 상황이었다.

그러나 마곡에 들어서는 기업의 수가 꽤 많았다. 다시 곰곰이 생각했을 때, 마곡 오피스텔 공급량이 결코 많지 않아 보였다. 그러던 중 몇 개의 뉴스와 기사가 나왔다.

마곡지구에 오피스텔이 너무 과잉 공급되었다는 뉴스였다. 2014~2015년에 입주가 몰리다 보니 2015년 1억 2,000만 원대에 분양됐던 오피스텔이 보증금 500만 원, 월세 40만 원에 계약되기도 했다. 예상보다 턱없이 낮은 금액이었다.

한 번에 5,000세대 이상씩 입주가 겹치다 보니 3~4개월 정도의 공실 기간도 발생했다. 이런 상황 속에서 많은 투자자가 지레 겁을 먹었고, 다급한 누군가는 마이너스 프리미엄으로 급히 매물로 내놓았다.

이때 20대 고객에게 투자를 권유한 오피스텔이 있었다. 마곡지구 내, 9호선 신방화역 근처에 있는 오피스텔로 2015년에 준공된 원룸형이었다. 뉴스들이 나오던 시기에 지레 겁을 먹은 매도인이 계약금을 포기하겠다며 급하게 내놓은 매물이었고 마이너스 900만 원에 거래하게 됐다.

악재가 쏟아지는 시기에 투자를 권하고 진행하기는 쉽지 않았다. 고객이 나를 믿지 않았다면 투자로 이어지기 쉽지 않았을 것이다. 하지만 20대 고객은 고등학교를 졸업하고 바로 증권회사에 입사해 나의 강의를 들었던 수강생이었다. 신입사원 시절부터 월급관리 상담을 진행해 2년간 3,000만 원의 현금을 만들었는데, 증권사에 다니지만 펀드 및 예금 등의 수익률에 만족하지 못하는 상황에서 다른 투자처를 찾고 있었다. 그렇게 나의 추천으로 오피스텔에 투자하게 되었다.

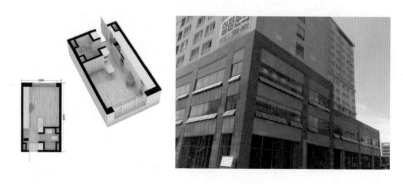

고객이 실제 투자했던 마곡지구 오피스텔

분양가	132,000,000(4F)	연 임대료	4,200,000(월 35만원)
Premium	(9,000,000)	대출이자	(2,700,000) (3% 금리)
담보 대출	(90,000,000)	순수익	1,500,000
보증금	(30,000,000)	연 수익률	50% / 1년
순 투자금	3,000,000		

표를 보면 알 수 있듯이 투자금 대비 연 50%라는 수익률이 나오게 되었다. 또한, 2018년 12월 기준 매매가 역시 6,000만 원 정도 상승했다. 투자금 대비 거의 20배에 가까운 매매차익을 4년 만에 보고 있는 것이다. 이처럼 오피스텔뿐만 아니라 아파트 등의 주거용 부동산은 입주 초기에 오피스텔뿐만 아니라 아파트 등의 주거용 부동산

은 입주 초기에 임대료와 매매가치가 떨어지는 경향이 있다. 한꺼번에 입주가 몰리다 보니 자금이 부족한 투자자들이 잔금을 내지 못해 매매가가 떨어지거나, 많은 입주 물량으로 임대료가 낮아지는 현상이 생기는 것이다. 그렇게 입주 초기에는 투자자들의 관심으로부터 멀어지곤 한다.

마곡뿐만 아니라 오피스텔 투자는 신도시 초기 및 많은 사람의 관심에서 멀어질 때 한 번에 공급이 몰린다. 하지만 투자자라면 이런 순간을 잘 살피면 좋다. 분양이 잘 안 될 때 주변 환경 덕분에 안정적으로 임차가 맞춰질 곳을 선별해보자. 그러면 투자에 성공할 가능성이 커진다.

신도시 및 공급이 많은 곳에 투자하기에는 부담스럽기도 하다. 단 앞에서 예시를 들었던 마곡지구처럼 어느 정도 확신이 드는 지역을 고르는 요령은 있다. 바로 이런 곳을 선택하는 방법을 하나씩 살펴보도록 하자.

2
오피스텔 투자!
다섯 가지만 체크하라

2009년 주택법이 개정된 이후, 도시형 생활주택 공급과 함께 1~2인 가구를 대상으로 하는 임대형 투자 물건이 많이 늘어난 점은 투자 판단에 어려움을 준다. 또한 앞의 사례처럼 100세대 이상 오피스텔의 경우에는 입주 초기에 입주 물량이 한 번에 풀리다 보니, 매매가격 및 전·월세가 떨어지는 경향을 보인다. 이 시기가 투자에서 가장 주의해야 할 시기이자, 예비 투자자로서 투자의 기회를 엿볼 수 있는 시기다.

이 시기 대부분 투자자들은 잘못 판단한 게 아닌지 고민한다. 하지만 입주 초기에는 어느 지역이든 물량이 많다면, 가격이 떨어지기 마련이다. 당연히 이때 매도하는 실수를 범하지 말아야 한다.

투자에는 스스로의 확신이 있어야 한다. 그 확신은 그저 마음가짐을 말하는 게 아니다. 여러 가지 사항을 두고 꼼꼼하게 살피는 기준점을 만든다면, 조금 더 쉽게 확신을 다질 수 있다.

지금부터 이야기하는 체크 포인트가 바로 그런 요소다. 아래의 목록은 투자할 물건을 고를 때 아주 간단히 공실 여부를 판단할 수 있는 요소가 된다. 다음 내용을 고려해서 아래의 체크 리스트 전부를 확인한 후 투자한다면, 공실 없이 안정적으로 오피스텔에 투자할 수 있을 것이다.

주거용 수익형 부동산 CHECK LIST

주거용 수익형 부동산 CHECK LIST	O	×
1. 서울 / 경기 수도권 지하철역 반경 500m 이내	V	
2. 건물의 관리 및 방범을 고려한 100세대 이상	V	
3. 대학생, 직장 등 1인 가구 배후 수요 적절성	V	
4. 투자 금액 대비 임대료 조사 결과, 은행이자 + 3% 이상	V	
5. 건물의 질을 고려한 2010년 이후 건축 건물	V	

지하철역 반경 500m 이내 오피스텔이 답이다

역세권 오피스텔은 투자 시 가장 기본적인 원칙이다. 그런데 역세권의 기준이 모호하다. 최근 오피스텔 광고를 보면 지하철에서 무려 1Km 이상 떨어진 곳도 역세권이라고 하는 경우가 있다. 역세권은 임차인들의 상황에서 보면 이해하기 어렵지 않다. 가장 기본은 도보 가능한 거리다. 평균 여성의 걸음을 기준으로, 도보 7분이 넘어가는 거리는 대중교통을 이용하게 된다. 이럴 경우 교통비와 시간 손실을 금액으로 따지면 월 10만 원 이상의 비용이라고 봐야 한다. 진짜 역세권은, 역 출구로부터 반경 500m이내 거리다.

단 역세권에도 투자 포인트가 몇 가지 있다.

역 출구와 연결된 오피스텔은 평당 500만 원 이상의 가치가 있다

간혹 지하철역과 연결된 오피스텔이 있다. 이런 오피스텔들은 임대료가 주변보다 평균 10만 원 정도 높게 형성된다. 게다가 향후 매매할 때 환금성이 좋다. 위치의 희귀성이 크기 때문이다.

장마 시기, 여름 혹서기, 겨울 혹한기 시기에는 더욱 가치가 커진다. 마곡지구에는 9호선 마곡나루역의 푸르지오시티와 양천향교역의 대방디엠시티가 대표적인 지하철역과 연결된 곳이다. 이곳에 사는 사람의 직장이 여의도의 IFC 건물이라면, 지상에 한 번도 나올 필요 없이 출퇴근이 가능하다. 만약 지하철과 연결된 건물에 직장이 있고 그 장점을 알고 있는 사람이라면, 이러한 가치만으로도 월 10만 원 이상의 비용을 낼 것이다.

단 주의해야 하는 건 있다. 이런 위치만으로 너무 높은 가격을 책정하는 곳들이 있다는 점이다. 주변의 시세와 신규 분양가를 살펴보고 전용면적 평단가 500만 원 이상이라면 다시 생각해볼 필요가 있다.

지하철역 개통 예정 2년 내외 지역의 오피스텔에 투자하자

통상 많은 오피스텔들이 분양을 할 때 보면 주변에 신규 지하철이 생긴다는 계획을 말하고, 미리 분양에 나선다. 2018년에는 GTX 노선 예정 지역이 대표적이라 할 수 있다. 서울 도심권의 경전철 예정지에도 많은 오피스텔 분양 광고가 나와 있다. 하지만 과거의 사례를 볼 때, 지하철이 생긴다는 이야기가 나온 시점이라면 아무리 못해도 10년 이상이 걸린다고 봐야 한다. 게다가 개통이 확정된 이후에도 늦어지는 게 부지기수다.

2019년 기준, 개통을 앞둔 지역은 서울의 동쪽 끝단 지역과 서쪽 끝단 지역이다. 5호선 연장으로 호재를 맞이하는 지역은 강동구부터 하남이 대표적이다. 하남 미사지역은 최초 입주가 2017년부터 진행되기 시작했는데 한 번에 입주가 몰리다 보니 2018년 임대료는 생각보다 낮았다. 마곡처럼 마이너스 거래가 있기도 한 곳이다.

그리고 서울 강서구는 김포공항역부터 김포 한강신도시까지 연결되는 김포도시철도가 개통 예정이다. 김포 한강신도시는 마곡, 여의도, 상암 업무지역의 배후 주거지역으로, 주거 환경이 쾌적하다. 역주변 상업지역이 잘 발달 된 곳들 위주로 오피스텔이 저렴하게 공급되어 살펴볼 만하다.

100세대 이상
오피스텔에 투자하라!

빌라와 원룸 다가구 주택과 오피스텔은 똑같이 공동주택이라고 일컫는다. 비슷한 듯하지만 차이는 분명하다. 가장 큰 차이가 바로 관리의 차이다. 오피스텔 건물 관리는 다른 소형 공동주택보다 잘 되어있다는 큰 장점을 갖고 있다.

직장에 다니는 미혼 여성이 집을 구한다고 생각해보자. 일단 다세대, 다가구 주택과 같은 원룸의 경우에는 방범 문제를 염려하게 된다. 통상 10세대 미만의 다세대, 다가구 주택은 건물 관리인이 없다. 물론, 그럴만한 이유는 있다. 관리인 한 명의 급여가 최저시급에도 못 미치는 100만 원이라 해도 각 가구에서는 관리비로 10만 원 이상을 지출해야 한다. 반면 오피스텔은 최소 50세대 이상으로 구성되어 있으니 관리인을 고용하는 데 있어서 다른 다세대·다가구 주택보다 수월하다.

모든 오피스텔이 많은 세대수를 두고 있는 건 아니다. 50세대 이하의 오피스텔도 있긴 하다. 이런 경우에는 다세대, 다가구 주택과 차별성이 있다고 볼 수 없다. 그만큼 주차 시설이 좁아 문제 될 가능성이 있고 관리비도 높게 형성될 수밖에 없다. 그러므로 100세대 이상은 되어야 투자 측면에서 유리해질 수 있다.

하지만 100세대 이하의 경우라도 다르게 해석해야 하는 유형이 있다. 상업지역에서는 하층부의 2층 또는 3층까지를 상가로 구성하고 상층부를 오피스텔로 건축하는 경우다. 100세대 미만이라고는 하지만 인프라 시설이 좋을 수밖에 없는 곳이다. 이런 경우는 100세대 이하라도 괜찮다. 다만 이럴 경우에는 건물 전체 면적 2,000평이 넘는 곳을 기준으로 삼아야 한다. 그래야 관리비 부분까지 합리적으로 해결할 수 있다.

대학가, 산업단지 근처
배후 수요가 충분한 곳

역세권도 좋지만 간혹 비역세권이라도 인기 있는 오피스텔이 있다. 이런 지역 대부분은 대학가 인근 또는 직장인 수요가 꾸준한 지역이다. 가령 가산디지털단지는 오가는 직장인이 엄청난 곳이다. 지방의 산업단지 주변, 대학가 인근 또한 마찬가지다. 역세권 주변이라면 금상첨화이기는 하지만 아니라고 해도 문제가 크지는 않다. 다만, 역 근처에 경쟁할만한 오피스텔이 생길 경우에는 수요가 떨어질 가능성은 있다.

이런 곳들의 오피스텔에 관심을 두는 이유는, 수요 대비 가격이 저렴한 경우가 많기 때문이다. 주변 임대료 대비 매매 수익률 시세가 5% 이상 되는 곳이라면 투자할 만하다.

게다가 이러한 특징을 이용하는 사례도 있다. 최근 서울 대학가 인근의 소형주택의 경우, 분양가가 과하게 높게 책정된 경우들이 많다. 대학생 대부분이 높은 임대료를 부담스러워 한다. 오피스텔이 쾌적한 곳이라는 건 알고 있지만, 월세에 대한 걱정으로 오피스텔 수요가 많지 않다. 대학생을 상대로 임대를 한다고 할 땐, 그만큼 저렴한 월세를 안고 가야 한다는 말이기도 하다. 따라서 최대한 저렴하게 매입하는 게 중요하다.

대학가라는 이유로, 대학생 수요자가 있다는 확신으로 높은 분양가로 오피스텔 투자를 하게 되면, 투자 수익이 낮아질 가능성이 높다. 매매하려는 오피스텔을 기준으로 삼지 말고 주변의 오피스텔과 원룸형 빌라의 임대료와 매매가를 알아보고 반드시 적정성을 따져 볼 필요가 있다.

은행이자 + 3% 이상의 수익률이 나오는 오피스텔

그냥 무턱대고 매월 받는 임대료에 만족하는 사람이 있다. 그렇지만 조금 더 세심하게 금액을 살펴야 하는 이유는 분명하다. 오피스텔에 투자하게 되면 공실 위험 외에도 세금 부담이나 임차인을 바꿀 때마다 내야 하는 중개수수료에 대한 걱정이 뒤따라온다. 나름 건물을 잘 관리한다고 해도 많은 임차인이 드나들면, 자연스럽게 수리 비용이 발생한다.

앞에서 살펴본 수익가격 환원법의 가치를 통해 살펴보자면, 오피스텔은 무위험 수익률인 은행이자 + 3% 정도의 수익이 나와야만 한다.

일반적으로 부동산 중개사무소 및 분양사무소로 수익형 부동산 물건을 보러 가면, 수익률 5%, 6% 등의 다양한 물건 안내를 받는다. 그러나 실제 임대료를 적용해 구성해보면 3%에서 5% 사이이다. 왜 이런 수익률 차이가 만들어질까?

다음은 실제 마곡의 오피스텔 투자자의 임대 수익을 계산해본 표이다.

마곡지구 오피스텔 실제 투자 사례

임대 수익 구성요소	금액(대출 70%)	금액(대출 없음)	비고
① 매매가(분양가)	152,000,000	152,000,000	오피스텔 분양가
② 임대 보증금	(10,000,000)	(10,000,000)	보증금 1,000만 원, 월 55만 원
③ 금융 대출	(100,000,000)	–	분양가 70% 대출 가능
④ 취득세	1,048,800	1,048,800	주택임대사업자 등록 시 취득세의 85% 감면(오피스텔 4.6%)
⑤ 실제 투자 비용	43,048,800	143,048,800	실제 투자 금액(①-②-③+④)
⑥ 연 임대료 수입	6,600,000	6,600,000	월 임대료×12개월
⑦ 연 대출 이자 비용	(3,300,000)	–	연 3.3% 대출 금리 적용
⑧ 연 수입 총액	3,300,000	6,600,000	실질 수입(⑥-⑦)
⑨ 세전 수익률	연 7.67%	연 4.61%	연 임대 수익률(⑧/⑤)

기본적으로 수익률을 따질 땐 투자 시 들어가는 세금도 염두에 두어야 한다. 그리고 대출을 활용한 투자라면, 정확한 금리와 대출 한도를 면밀히 살펴야 한다. 신도시 오피스텔의 경우 자신의 대출 한도 등을 감안하지 않고 무작정 투자했다가 대출 실행이 안 되는 바람에, 어쩔 수 없이 손해를 감수해야 하는 상황이 발생하는 걸 보기도 했다. 반드시 은행을 통해 자신의 신용등급과 소득수준을 고려해 대출을 살펴본 다음에 투자해야 한다.

시장에서도 거의 이 수익률에 맞춰져 있다. 물론 시간이 지나면서 생기는 개발 호재 및 인플레이션 등으로 월세가 올라갈 요소가 있는지를 볼 수 있다면 더 좋다.

대출금의 비중이 높으면 당연히 수익률이 올라가게 된다. 실제 위의 사례도 대출이 없다면 4.61%에 불과한데, 70%의 대출 금액을 적용하니 무려 7.67%에 도달한다. 실제 투자 금액이 적고 더 높은 수익률이 예상되니 당연히 오피스텔을 분양하는 사람들은 대출을 받도록 유도하고, 1채를 살 여력밖에 되지 않는 사람에게 두 채씩 분양받게 부추기기도 한다. 하지만 주의해야 할 사항이 많은 대출을 감내해서 투자하지는 말아야 한다. 일단, 2018년 기준 시장은 대출 규제에 무게를 실리는 형태로 변하고 있다. 가능하면 분양가 대비 대출금액을 50% 내외로 맞춰서 자금 상황에 맞춰 투자할 필요가 있다.

지방의 경우는 조금 다르다. 공실 위험이 조금 더 높다는 것을 인지하고 환금성이 낮은 점을 감안해서 맞춰야 한다. 그럴 땐, 은행이자 + 4%로 맞춰야 한다. 또한 강남이나 서울의 지하철역과 연결된 오피스텔처럼 환금성이 좋은 경우에는 은행이자 + 2% 대로 거래될 수도 있다. 물론 절대적인 기준은 아니다. 하지만 나름의 기준은 분명하게 잡아야 한다. 일반적으로 은행이자 + 3% 정도의 수익률이 갖춰지는지 살펴보는 게 중요한 내용이다.

2010년 이후에 건축된 오피스텔

오피스텔의 원래 용도는 주거시설이 아닌 업무시설이다. 업무시설이지만 주거도 가능하게끔 만든 물건으로, 경계가 모호하기도 했다. 오피스텔 90% 이상이 바닥 난방조차 안 되던 시절도 있었다. 물론 어느 시점부터는 아파트와 동일하게 바닥 난방이 가능하게 됐다. 이러한 변화에 따라 건물의 시공 감리 기준도 달라질 수밖에 없다. 오피스텔의 규제 변화와 오피스텔 공급량의 추이로 어떤 오피스텔을 선택해야 하는지 살펴보자.

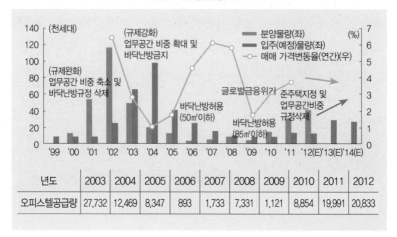

오피스텔 공급량 추이

년도	2003	2004	2005	2006	2007	2008	2009	2010	2011	2012
오피스텔공급량	27,732	12,469	8,347	893	1,733	7,331	1,121	8,854	19,991	20,833

출처: 부동산 정보 포털 R114

그동안 규제가 완화되면 공급이 늘어나는 모습을 보였다. 2010년 이후 바닥 난방을 허용하고, 업무 공간 비중 규정이 삭제되면서 오피스텔은 주거의 형태로 자리 잡게 되었다. 자연스럽게 공급이 늘어나는 계기가 된 셈이다. 특히 2010년 이후 모든 주거용 오피스텔의 경우, 공동주택과 동일한 규제를 받게 되었다.

2010년 이전에 지은 오피스텔에 거주하는 사람들에게 겨울에 춥고, 여름에 덥다는 얘기를 많이 들었을 것이다. 또한 방음이 잘 안되었다거나, 관리비가 많이 나온다는 얘기가 많았던 이유도 바로 2010년 이전에 지은 오피스텔들이 업무용 시설을 기준으로 건축되었기 때문이다.

주거용과 업무용은 확실하게 다르다. 다음 사진을 보면 왼쪽은

2010년 이전에 허가를 받은 오피스텔의 창문이고 오른쪽은 그 이후에 분양된 오피스텔이다. 비교해보면 알겠지만, 사무실 기준으로 건축한 오피스텔은 사무실에서 흔히 볼 수 있는 창호를 사용했다. 자연스럽게 단열과 환기에 문제가 있는 경우가 많았다. 반면 오른쪽처럼 신규로 지은 오피스텔은 이중창을 사용한다. 신축아파트와 동일한 제품을 사용함으로써 결로, 방음, 단열에 아파트와 같은 효과를 낸다. 주거환경이 좋아진다는 건 같은 가격에 더 많은 임차 수요를 기대할 수 있다는 말과 같다.

2010년 이전 오피스텔과 2010년 이후 건축된 오피스텔 창호 비교

그리고 또 하나의 차이점은 단열재다. 단열재는 오피스텔의 결로 현상과 내부 온도와 관련이 깊다. 이전에는 업무용 시설 기준으로 시공하다 보니 기준이 엄격하지 않았다. 하지만 최근 시공된 오피스텔을 보면 사진과 같은 단열재가 사용된다.

실제 2015년 시공 현장을 보면 120mm 이상의 단열재가 쓰이고 있었다. 저런 단열재 외부에 다시 대리석으로 마감하는 방식인 것이다. 이렇게 시공된 오피스텔은 겨울철에 난방을 거의 하지 않아도 온도가 유지된다. 또한 결로 현상도 없는 것을 확인할 수 있다.

실제 단열재 사진과 시공 현장 모습

3

오피스텔
분양권을 노려라

왜 분양권일까?

가장 많이 알아보는 오피스텔 투자 중 하나는 분양권 투자다. 오피스텔 분양은 아파트와 달리 청약이 쉽다. 그리고 신규 오피스텔에 대한 정보도 인터넷에 많이 노출되어 있다. 그러니 오피스텔에 관심이 있고 원하는 지역이 있다면, 많은 발품을 파는 것이 좋다.

서울, 경기권 지역에서 청약 공고가 나온 경우, 먼저 인터넷으로 지역 조사를 해보면 된다. 그리고 역세권 지역이거나 내가 관심을 두고 있는 지역이라면 현장 모델하우스에 가본다. 모델하우스에 가는 건 돈이 들지 않는 일이다. 오히려 많은 선물을 받아 올 수 있고 실제 구조를 보면서 최근 트렌드도 파악할 수 있다.

때때로 과도한 광고로 인해 많은 사람이 오피스텔 투자를 꺼리기도 한다. 하지만 오피스텔 분양권 투자는 투자자에게 세 가지 유리한 측면을 안겨준다.

첫째, 오피스텔 분양권 투자는 큰돈이 들지 않는다

오피스텔은 분양을 받으면 계약금으로 분양금액의 10%만 지불한다. 그리고 40~50% 정도의 중도금을 지불한다. 중도금의 경우, 아파트와 다르게 대출로 진행하는 일이 더 많다. 이때 받는 중도금 대출은 분양받는 사람의 신용 대출에 해당한다. 하지만 특약상 이 부분에 대한 이자를 오피스텔 공급 시행사에서 대납해 사업을 진행하고, 나머지는 입주 시 잔금으로 처리하는 과정을 거친다. 곧 투자자는 입주 전 10%의 자금만 있으면 된다는 말이다. 1억 5,000만 원의 오피스텔이라고 하더라도 1,500만 원으로도 투자 가능하다.

둘째, 분양권 전매가 가능하다

오피스텔 계약금이 10%니, 대부분 1,000만 원으로 투자한다. 그런 뒤 200~300만 원 정도의 프리미엄을 받고 넘기는 경우가 많다. 게다가 오피스텔은 사무실 용도의 일반임대사업자 등록이 가능하고 이럴 경우 오피스텔 건물분의 부가가치세를 환급받게 된다.

분양권 전매 시 포괄양수양도 조건으로 매매하여 부가세 환급까지 차익으로 얻을 수 있다. 단기 차익이 가능하다는 장점만으로도 많은 투자자가 선호한다.

셋째, 취득세 절세가 가능하다

임대사업자 제도에 대한 부분에서도 설명하겠지만, 오피스텔은 세금 관련 내용이 복잡한 편이다. 오피스텔은 업무용 시설로 분류되어 4.6%의 취득세가 발생하는데, 주거용으로 주택임대사업 등록을 하면 취득세액의 85%를 감면받게 된다. 이 경우는 신규 분양에만 해당한다. 많은 투자자가 신규 분양으로 물건을 찾는 이유다.

신규 분양,
어디든 괜찮을까?

이런 신규 분양 물건에 투자할 때 가장 중요한 것은 어느 한 지역만 비교하는 실수를 범하지 않는 것이다. 아래의 오피스텔 세 곳은 비슷한 시기에 분양이 진행되었다.

첫 번째 그림은 김포 한강신도시 구래동으로, 김포도시철도 구래역 예정지에서 400m 정도 거리가 있다. 가운데는 인천 영종지구의 운서동으로, 인천공항철도 운서역에서 300m 떨어져 있다. 그리고 나머지 한 곳은 1호선 오류동역에서 200m 떨어진 오피스텔이다.

김포 구래동 300세대
구래역 7분, 6.4평 오피스텔
분양가: 135,000,000원

영종도 운서동 250세대
운서역 5분, 6.3평 오피스텔
분양가: 128,000,000원

구로구 오류동 354세대
오류동역 3분, 6.2평 오피스텔
분양가: 134,000,000원

역세권이라는 것과 원룸형이라는 특징, 내부 구조나 평형조차 비슷하다. 게다가 분양가격 또한 큰 차이가 없다. 하지만 가장 큰 차이가 하나 있다. 바로 지역이다. 자연스럽게 주변 오피스텔 매매가격 역시 어느 정도 차이가 있을 수밖에 없다.

한번 생각해보자. 세 개의 물건에 투자할 기회가 있다면 어느 곳에 투자하겠는가? 평소 부동산에 관심이 있었다면 각 지역의 장·단점은 예상 가능할 것이다. 직접 강의 시간에 세 개의 물건을 보여주고 선택 조사를 해보니, 90%의 수강생이 구로구 오피스텔에 투자하겠다고 말했다. 서울이라는 장점이 크게 작용한 것이다.

이처럼 광역적으로 비교해보면 상대적으로 저렴한 물건을 찾기가 쉽다. 세 곳은 비교해볼 것도 없다. 우선 임대료 차이가 크게 난다. 구래동 오피스텔은 보증금 500만 원, 월세 40만 원을 받기 어렵다.

영종도 역시 이 정도의 임대료가 발생한다. 반면 구로구 오류동 오피스텔은 현재 시세만으로도 보증금 1,000만 원에 월세 50만 원이 가능하다. 분양 전에도 주변 오피스텔과 금액과 비교했을 때 수익률 5%가 발생하고, 2년 후 완공 시점에는 더 많은 임대료를 받을 수 있다는 기대가 생긴다. 미래 가치 역시 서울과 영종도, 김포는 차이가 크다. 그럼에도 가격이 비슷한 것은 비합리적이다. 이렇듯 넓게 보고 발품을 팔다 보면 상대적 가치의 차이를 찾아낼 수 있다.

오피스텔 분양가는 천차만별이다. 보통 한 오피스텔을 짚은 후에는 그 지역 내에서만 비교하는 경향이 있다. 하지만 광역적으로 볼 때 오피스텔의 적정 가격을 알 수 있고, 비교할 수 있다. 신규 분양 오피스텔 투자에 나선다면 한 지역만 보지 말고 광역적으로 비교해 보는 것이 현명한 투자 방법이다.

4
아파트의 대체형,
투룸 오피스텔

왜 투룸형이
생길까?

최근 만들어지는 오피스텔을 보면 1인 가구를 대상으로 하는 원룸형 공급량이 절대적으로 많다. 시행사 입장에서 볼 때 원룸형 분양의 사업성이 가장 높다. 하지만 간혹 오피스텔 중 전용면적 10평 이상의 투룸 오피스텔 분양이 있기도 하다. 시행사의 중간 이윤이 줄더라도 건축 시 주차대수 문제로 어쩔 수 없이 투룸을 공급하게 되는 것이다.

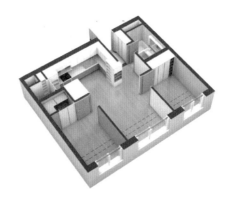

서울 구로구의 전용 15평 오피스텔 모형

오피스텔 건축허가를 받으려면 한 호실당 0.7대의 주차 공간을 마련해야 한다. 원룸 100세대라면 70대 이상의 공간을 확보해야 하는데, 만일 이를 투룸 50세대로 건축하면 35대의 공간만 확보하면 되는 셈이다.

건축 현장에서 공사비가 많이 들어가고 시간이 오래 걸리는 구간이 바로 지하 주차장 공사다. 이러다 보니 투룸형으로 분양하고 주차대수를 줄이는 게 합리적이라고 판단하는 경우들이 생긴다. 그런데 이런 투룸형 중 매매가격이 꽤 오른 경우가 많다. 아파트 시장이 많이 오르는 추세였지만 투룸 오피스텔은 신혼부부에게 아파트를 대체하는 수단이 될 수 있다는 점을 두고 본다면, 앞으로도 충분히 기대 가능한 투자처다.

마곡지구 분양 오피스텔 세대 현황

지하철역	오피스텔	세대수	입주시기	원룸형 면적	7층 분양가	평당 분양가	원룸형	투룸형
양천향교역	대방디엠시티 1차	1,281	2016년 12월	7.26	153,100,000	21,088,154	1,049	232
	대방디엠시티 2차	714	2019년 1월	6.98	183,000,000	26,217,765	606	108
	엠코지니어스타	559	2015년 9월	7.21	156,600,000	21,719,834	559	
	경동미르웰 1차	279	2015년 5월	5.43	123,000,000	22,651,934	279	
	스카이	168	2016년 3월	5.3	116,900,000	22,056,604	168	
	경동미르웰 2차	244	2015년 12월	5.89	126,000,000	21,392,190	244	
	대명21	180	2015년 5월	5.44	120,000,000	22,058,824	180	
	벨리오	173	2015년 5월	6.22	142,982,520	22,987,543	173	
	오드카운티 1차	266	2016년 11월	5.51	132,500,000	24,047,187	226	40
	오드카운티 2차	297	2017년 4월	5.7	136,000,000	23,859,649	252	45
발산역	아르디에	188	2015년 5월	5.62	123,338,000	21,946,263	188	
	유림트윈파크	279	2015년 11월	6.05	126,900,000	20,985,794	261	18
	갤럭시	137	2015년 12월	5.89	125,610,000	21,316,301	135	2
	대명에비앙	150	2015년 8월	5.74	125,000,000	21,783,079	150	
	엘리안	133	2015년 3월	6.72	145,350,000	21,629,464	133	
	우성르보아 1차	133	2015년 1월	5.86	145,960,000	24,923,273	133	
	플레이스H	180	2015년 6월	5.56	125,000,000	22,482,318	180	
	아이파크	468	2017년 2월	7.26	163,000,000	22,451,892	396	72
	필네이쳐	234	2016년 7월	6.7	155,440,000	23,200,000	208	26

발산역	사이언스파크뷰	218	2016년 9월	6.68	142,000,000	21,257,485	218	
	힐스테이트 에코마곡	496	2016년 4월	6.79	144,394,000	21,265,685	464	32
	센트럴푸르지오시티	510	2016년 6월	6.96	153,184,000	22,017,203	474	36
	힐스테이트 에코동익	899	2017년 3월	7.43	166,000,000	22,334,668	872	27
마곡역	힐스테이트 에코 마곡역	430	2017년 11월	6.64	162,000,000	24,391,492	390	40
	보타닉푸르지오시티	1,390	2017년 3월	6.72	153,000,000	22,783,216	1,333	57
	롯데캐슬파크	648	2017년 1월	6.96	158,000,000	22,709,409	648	
	힐스테이트 에코 마곡나루	440	2017년 2월	6.30	142,500,000	22,602,269	420	20
마곡나루역	일성트루엘	596	2016년 7월	6.48	127,200,000	19,629,630	564	32
	럭스나인	532	2016년 12월	6.62	139,920,000	21,149,864	488	44
	마곡시티	294	2016년 8월	6.81	136,899,000	20,104,874	264	30
	헤리움 2차	276	2016년 6월	6.81	138,500,000	20,339,996	276	
신방화역	헤리움 1차	341	2015년 8월	7.28	141,000,000	19,365,093	341	
	우성르보아 2차	346	2015년 5월	6.12	138,000,000	22,539,545	346	
합계		3,479	마곡지구 전체 분양 오피스텔 세대 수				12,618	861

* 투룸형은 전용 10평 이상

2019년 1월까지 마곡지구에는 총 13,479실의 오피스텔이 공급되었다. 그중에서 10평 미만의 원룸형 구조가 12,618실 공급된 반면, 10평 이상의 투룸 오피스텔은 861실에 불과했다. 결국 오피스텔 공급량의 차이가 상승률, 가격 격차로 이어지게 됐다.

원룸형 오피스텔은 분양가 대비 4,000~5,000만 원 정도의 차익이 있었고 투룸형 오피스텔은 1억 이상 차익을 보고 있었다. 전세가 상승이 오면 그대로 매매가의 상승으로 이어지고 있는 추세다. 이런 공급 비율은 마곡지구뿐만 아니라 전체 오피스텔 시장에서도 비슷하다.

주거용 오피스텔을 흔히 아파텔이라고 말한다. 아파텔은 앞의 평면도처럼 거실과 주방, 방 2개로 이뤄져 있다. 주방은 다소 작은 편이지만, 최근에는 아파트와 유사한 크기로 바뀌고 있고 평면은 통상 3베이 또는 4베이로 구성되어 있어서 아파트라고 해도 믿을 정도의 구조다.

그러면서도 아파텔은 아파트에 비해 큰 장점을 갖고 있다. 바로 위치다. 오피스텔의 위치는 상업지역 및 준주거지역이 많아 보통 역세권이다. 그리고 내부에 세탁기, 냉장고, 에어컨 및 가구 등이 붙박이장으로 설치되어 신혼부부가 따로 혼수 장만 없이 입주가 가능하다는 장점이 있다.

돈이 부족한 신혼부부가 아파텔을 선호하는 이유는 또 있다. 바로 가격이다. 유사한 면적의 아파트 대비 60% 정도의 가격으로 입주가 가능하다. 따라서 다른 아파트의 전셋값으로 아파텔에 입주한다면, 주머니에 돈이 남는다. 게다가 아파텔은 매매가 대비 전세가 비율이

80% 이상을 차지하는 경우가 많아, 안정성이 높다.

아파트의 대체재 성격으로 아파텔 투자에 접근하면, 아파트 시장의 가격 상승 영향에 똑같이 상승세를 보일 가능성이 높다. 게다가 오피스텔 하면 월세 수익만을 생각하겠지만 투룸형 오피스텔은 임대 수익과 매매차익을 함께 누릴 수 있다.

김포 한강신도시
투룸 오피스텔 투자 사례

상담을 통해 매매를 도왔던 오피스텔의 한 사례다. 실제 위의 체크 리스트를 통해 어떻게 물건을 읽고 투자했는지 종합적으로 살펴보자. 아래 사례는 실제 고객에게 컨설팅한 보고서의 내용을 토대로 작성한 내용이다.

이제 막 입주를 시작한 단지로, 아직 매매가나 임대료 상승이 가시적으로 나오지는 않았다. 하지만 오피스텔 선택 요령 조건을 충실하게 판단한 뒤 투자한 오피스텔이다. 참고로 오피스텔은 준공 후 3~5년 정도 지났을 때 제대로 된 결과물을 알 수 있다.

A 씨는 40대의 직장인으로 서울에 자기 집이 한 채 있다. 여유 자금 5,000만 원이 있었지만 은행 수익률에 만족하지 못하는 상황이

었다. 그렇게 오피스텔 투자에 관심을 갖고 알아보던 중 투자하게 된 물건이 바로 투룸 오피스텔, 아파텔이다.

우선 체크 리스트를 확인하면 이렇다.

오피스텔 투자 전 CHECK LIST

주거용 수익형 부동산 CHECK LIST	O	X
1. 역세권 : 김포도시철도 2019년 개통 예정, 지하철에서 200m 거리	V	
2. 세대수 : 1층 상가, 2~5층 오피스텔로 180세대	V	
3. 배후 수요 : 직장인, 마곡지구(20분) / 상암동(30분) / 여의도(50분)	V	
4. 은행이자 + 3% : 현재 대출 없이 수익률 4.8%	V	
5. 2010년 이후 완공 : 2018년 완공 오피스텔	V	

지하철 반경 500m 이내 입지

추천 오피스텔의 입지

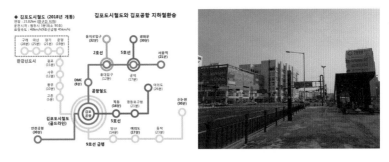

김포공항역 지하철 환승 계획도와 운양역 출구

우선 앞에서 제시한 체크 리스트 기준으로 보면, 이 오피스텔의 가장 큰 장점은 2019년 개통 예정인 지하철역에서 도보 2분 거리에 있다는 점이다. 지도상으로 이 오피스텔의 입지는 김포 한강신도시 운양역과 가깝다. 운양역의 경우 아직은 개통하지 않아 많은 사람이 알지 못하지만, 김포도시철도 노선도에서 확인할 수 있듯, 김포공항역까지 19분 거리다.

5호선 김포공항역에서 환승하면, 오피스텔에서 3만 명의 직장인이 상주하는 마곡 산업단지 LG사이언스파크까지 30분 내 도착할 수 있고 공항철도 환승 시 상암동 DMC까지는 35분, 9호선으로 환승해 여의도까지 간다면 45분이면 도착할 수 있다. 즉 미래의 입지 측면으로 볼 때 직장인 수요가 늘어날 지역이다.

아파트를 대체하는 아파텔의 쾌적한 주거환경

대부분 도심 상업지역 내 오피스텔이라면 주변 번화가의 네온사

인과 시끄러운 풍경을 연상한다. 하지만 이 오피스텔 주변은 단독주택 주거지역으로 둘러싸여 있다. 대로 건너편에는 한강이고, 후면으로는 낮은 산이 있다. 또 특이한 점은 건물 높이다. 일반 오피스텔은 최소 10층 이상으로 지어지는 경우가 대부분이다. 그런데 이 지역은 업무지역임에도 불구하고 도시 계획상 스카이라인을 고려하여 5층 이하로 건물을 건축하게 되어있었다.

5층 이하로 건축하게 되면 아무래도 고층보다 쾌적성이 좋다. 그리고 이곳은 저층 단독주택지와 어우러져 경관이 좋아, 저층의 장점이 많은 곳이다. 그러면서도 엘리베이터 이용이 자유롭다는 장점과 함께 대지가 넓게 조성되어 주변 경관이 양호하다. 크게 재개발을 기대하는 건 아니지만, 오피스텔임에도 불구하고 대지지분도 넓게 나온다. 이런 점에서 이곳 오피스텔의 가치는 나중에 더 커질 것으로 보인다.

투자 물건 바로 뒤에 위치한 단독주택 지역

이런 지역에서 거주를 원하는 사람은 원룸보다 투룸에 관심이 많다. 이곳은 원룸의 투자재로는 맞지 않다. 1인 가구 및 원룸 수요자들은 최대한 직장 및 학교 인근으로 거주지를 찾는다. 그런데 이곳은 전형적인 주거지역 환경을 갖추고 있어, 2인 이상 가구의 수요자가 많을 거라 예상됐고 실제 임대도 그렇게 맞춰지고 있다.

투룸에 초점을 맞추고 투자 컨설팅을 했고 실제 완공 후 입주한 사람은 마곡지구 내 대기업으로 출퇴근하는 신혼부부였다.

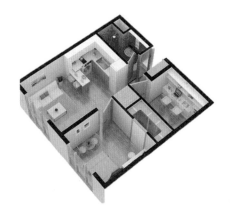

이 아파텔의 구조를 보면 신혼부부에게 잘 맞춰져서 설계되어 있다. 일단 임차인 입장에서 보면 이 집에 들어올 때는 가구나 가전제품이 전혀 필요 없다. 세탁기, TV, 냉장고, 하이브리드 전기쿡탑, 드레스룸 내 수납 가구 등 모든 것이 내장형으로 갖춰져 있다. 이런 이유 때문인지 이 아파텔의 임대현황을 보면 2인 가구가 대부분이고,

주변에 초등학교가 가까워 3인 가구도 상당수 입주한 것으로 확인된다. 아파트를 대체하는 수단으로 활용된 셈이다. 건물구조도 내진설계 및 이중창 단열재도 1등급 단열재로 들어가서 하자 없이 모두 입주가 되었다.

수익률 현황

실제 투자 금액과 투자금 대비 수익률

임대 수익 구성요소	금액	비고
① 매매가(분양가)	170,000,000	오피스텔 분양가 사례
② 임대 보증금	(20,000,000)	임대료 보증금 2,000만 원 / 월 60만 원
③ 금융 대출	(100,000,000)	실제 대출 발생 금액
④ 취득세	1,078,900	주택 임대 사업자 등록 시 취득세의 85% 감면 (오피스텔 4.6%)
⑤ 실제 투자 비용	51,078,900	실제 투자 금액 (①-②-③+④)
⑥ 연 임대료 수입	7,200,000	월 임대료 X 12개월
⑦ 연 대출 이자 비용	(3,300,000)	3.3% 대출 금리 적용
⑧ 연 수입 총액	3,900,000	실질 수입 (⑥-⑦)
⑨ 세전 수익률	연 7.63%	⑧/⑤ 연 임대 수익률

대출금이 없는 경우 수익률을 계산하면 4.8%다. 앞서 이야기한 은행 금리 + 3%라는 조건에 맞다. 대부분 오피스텔이 입주 초기에는 많은 물량으로 인해 임대료를 높게 받기 힘들다. 처음 임대 조사를 했을 때 보증금 2,000만 원에 월세 60만 원, 또는 보증금 1,000만

원에 월세 65만 원을 생각했지만, 초반에는 입주 물량 때문에 조금 낮은 금액으로 거래될 거라 예상했다.

하지만 입주 초기에 세입자를 잘 만나 좋은 계약이 이루어졌고 7.63%의 양호한 수익률을 만들 수 있었다.

이후 전셋값이 1억 5,000만 원대에 형성되어 매매가 대비 전세가 비율이 88% 정도다. 향후 지하철이 개통되고 어느 정도 임대차가 안정화되는 시점이면 충분히 전셋값이 매매가격을 웃돌 거라 예상한다. 물론 이제 막 입주를 한 상황이므로 100% 단정 지을 수는 없지만 말이다.

투룸 아파텔을 수익률 측면에서 바라보면 원룸보다 낮다. 하지만 이 지역은 원룸보다 오히려 아파트를 대체하는 투룸의 수요가 많아져, 원룸 수익률보다 투룸의 수익률이 더 높아질 가능성이 충분하다.

위 사례는 실제 투자 상담 시 근거자료를 만들고 추천을 했던 보고서 내용 중 일부다. 이런 보고서가 나오기까지 수차례 방문을 하고 자료를 확인하여 고객에게 제시한다. 이렇게 하다 보니 이제는 어느 정도 오피스텔의 가격의 적절성과 임대 가격에 대한 판단력을 가질 수 있게 됐다. 최소 수천만 원 이상의 자금이 들어가는 투자인 만큼 누구나 이 정도는 확인을 해보고 투자해야 한다고 생각한다.

인근 대체재와 광역적 비교

투룸 오피스텔이 많지 않다 보니 비교 대상을 찾기가 쉽지 않다. 분양이 어느 정도 끝났고 한창 공사 중이기도 한 마곡지구 인근 강서구 등촌동 오피스텔과 김포도시철도로 세 정거장 더 들어간 구래동의 오피스텔, 그리고 운양동 오피스텔과 가격을 비교했다.

운양동은 김포 한강신도시의 초입으로 고급 주거지역으로 계획된 곳이다. 이곳은 원룸 구조의 오피스텔보다는 전원형으로 계획된 지역에 맞게 투룸 이상의 오피스텔들이 많이 공급되어 있다. 또한 구래동보다 서울 접근성이 더 좋음에도 불구하고 가격이 더 저렴하게 분양되기도 했다. 나중에 김포도시철도가 생기면 운양역이 4호선의 사당역처럼 회차 구간이 될 수 있어 지역적 가치가 큰 곳이기도 하다. 운양동이 가치 측면으로 볼 때, 등촌동 오피스텔보다 낮은 분양가인 건 이치에 맞아 보였지만 구래동 오피스텔보다 분양가격이 낮다는 건 이해되지 않은 현상이었다. 나는 운양동 오피스텔이 상대적으로 가격이 저렴하고 상승 가능성 또한 높다고 판단했다.

광역적으로 오피스텔 가격을 조사해보면 어느 정도 가치 판단이 서게 된다. 사실 오피스텔은 그렇게 어려운 투자처가 아니다. 임대 시세도 쉽게 알 수 있고, 매매가 역시 분양가 일부 조사만 해보면 합리성을 알 수 있다.

	구래동 L 오피스텔	등촌동 D 오피스텔	운양동 L 오피스텔
전용면적(평)	11.9평	8.5평	11.82평
구조		방2, 거실 1, 화장실 1	
분양가	190,600,000	250,000,000	170,000,000
전용면적 평단가	16,016,806원 / 평	29,411,764원 / 평	14,382,402원 / 평

분양 당시 오피스텔의 정보는 표와 같다. 앞의 체크 리스트를 통해 오피스텔 자체의 가치를 보았다면 그다음으로 상대적 비교가 필요하다. 그것을 통해 가격의 적절성을 파악해야 한다. 이렇게 비교를 하고 투자해야, 물건에 대한 판단이 서게 되는 법이다.

앞에서 얘기한 것처럼 지역에 따라 가격의 차이가 있지만 면적 대비 가격을 보면 가격이 불합리하다는 게 보인다. 물론 강서구 등촌동 오피스텔과 김포의 오피스텔 가격이라고 보면 합리적이다. 하지만 김포 내에서 비교해보면 구래동과 운양동 오피스텔의 가격은 차이가 있다. 이처럼 상대적 비교는 10% 이상의 가격 차이를 보일 수 있으니 꼭 비교 판단이 필요하다.

모든 투자에는 오르내림이 있고 부침이 있다. 마곡 오피스텔의 사례처럼 역세권으로써의 가치가 좋음에도 불구하고, 누군가는 손실을 보고 팔고 누군가는 수익을 누린다. 또한 오피스텔 입주 초기 물량이 많을 때, 누군가는 앞선 걱정으로 손실을 보고 매각하고, 누군가는 미래를 믿고 대처한다. 이런 차이를 가져오는 것이 바로 투자 물건에 대한 확실한 분석과 현장 조사를 통한 판단력이다.

5
오피스텔 세금의
이해

어떻게 해야
절세할 수 있을까?

오피스텔은 주택의 대체재로 쓰인다. 하지만 법적인 용도로 따지자면 주택이 아닌 업무용 시설이다. 법적으로 모호한 지점이 있다보니 세금 제도 역시 복잡하다. 이러한 오피스텔 관련 세금을 제대로 이해하지 못한다면 투자 성공은 쉽지 않다.

가장 먼저 정해야 하는 건 사업자를 주거용으로 할지 업무용으로 할지 정하는 것이다. 그 차이를 설명하기 전에 간략하게 아래의 표로 한눈에 확인해보자.

구분	일반임대사업자 등록	주택임대사업자 등록
등록 시기	계약 후 20일 이내 등록	취득 등기일 60일 이내에 등록 → 가능한 등기 이전에 등록
취득세	분양가 4.6%	전용 60㎡ 이하: 85% 감면(취득세 200만 원 이하는 면제) 전용 60 ~ 85㎡ 이하: 50% 감면 (8년 이상, 20호 이상 보유 시) ▶ 2021년 12월 31일까지 한시 적용
부가가치세 납부	월세 소득 부가가치세 부과	부가가치세 면세 사업자
부가가치세 환급	건물분 10% 환급 ◈ 전입신고 불가 ▶ 전입 신고 시 환급 된 부가세를 잔여기간 비율로 추징 당함	부가가치세 환급 없음 ▶ 부가가치세 부과도 없으니 환급도 없음
임대 의무기간	의무 임대기간은 없음. 다만 부가가치세 추징은 10년	4년간 의무 임대, 8년간 의무 임대
	일반임대사업자는 임대 사업 포괄양수도를 통해 부가세 환급 면제 가능. 주택임대사업자는 의무 기간 내 매도 시 감면받은 취득세 추징 및 벌금 부과	
재산세	과세표준액 60% × 0.25%	전용 40㎡ 이하: 면제(2세대 이상) 전용 40 ~ 60㎡ 이하: 50% 감면 전용 60 ~ 85㎡ 이하: 25% 감면
건강보험 국민연금	근로소득자는 추가 납부 없음. 지역가입자는 추가납부, 피부양자 한시적 연소득 1,333만원 이하 피부양자 자격 유지	

일반임대사업자 등록 vs 주택임대사업자 등록

오피스텔은 90% 이상이 주거용이다. 그런데 간혹 개인사업자들이 사업자 등록지로 설정하고 업무용으로 활용하는 경우가 있다. 사실 오피스텔의 원래 용도는 '업무용'이 맞다. 일반임대사업자 등록을 하면 업무용으로 활용해야 하고, 임차인은 사업자 등록이 가능해진다.

사업자가 많은 도심에서는 사무실의 수요나 공급이 많지만, 소규모는 예외였다. 하지만 최근에는 인터넷 쇼핑몰 사업자 등 소규모 인원으로 운영되는 업종에서 이러한 업무용 오피스텔을 찾는다. 일반적으로 업무용 오피스텔들은 주거용 오피스텔보다 수익률이 더 높다. 게다가 임대료 인상에 덜 민감하다. 임차인들이 사업자이므로 세금계산서를 발급받고 비용 처리가 가능하기도 하다.

업무용 오피스텔은 주로 강남이나 마포, 종로의 상업지구에 몰려 있다. 특히 이 지역에는 20년 넘은 오피스텔이 모여 있어, 매매가는 낮고 임대 수익률이 좋은 곳이 많다.

다만 공실이 되면 주거용과 달리 새로운 세입자를 찾는 데 어려움이 있다. 게다가 매매가 잘 안 돼 어렵다. 최근에는 섹션 오피스, 지식산업센터 등 더 유용한 사무실 형태가 속속 등장하면서 공실의 위험이 더욱 커지고 있다.

반면 주택임대사업자는 대부분 준주거용지에 위치하여 역세권이다. 상대적으로 임차인을 구하기도 쉽다. 하지만 단점은 있다. 월세를 높게 받기 어렵다는 점이다. 아무리 1인 가구가 늘어나는 지역이라 할지라도 1인 가구를 대상으로 하는 오피스텔은 60만 원, 2인 가구를 대상으로 하는 오피스텔은 100만 원 이상의 임대료를 받기 어렵다. 수익률로 봤을 때 업무용 오피스텔에 비해 상대적으로 낮지만, 전세가의 상승으로 매매가격이 올라가는 경우도 많고 쉽게 팔린다는 점은 장점이다.

사업자 등록과 부가가치세 및 취득세

일반적으로 오피스텔을 분양받게 되면 많은 분양 직원들은 일반 사업자 등록을 안내한다. 그 이유는 분명하다. 오피스텔 분양가를 보면 알 수 있듯이 부가가치세는 분양가의 6~7% 정도다. 당연히 토지는 원가이고 건설사의 부가가치가 발생하는 부분은 건물이므로, 건물분에만 적용된다.

그리고 오피스텔이나 상업지역 상가의 경우에는 토지지분율이 낮다 보니 건축비의 비율이 높을 수밖에 없다. 결국 건축비 비중이 전체 분양가의 60~70% 정도를 차지하다 보니, 6~7%의 부가가치세가 적용되는 것이다. 이럴 때 부가가치세를 포함하지 않은 가격을 마주하면 약간 할인 받았다는 느낌마저 든다.

부가가치세 환급을 받기 위해서는 분양계약서를 작성하고 20일 이내에 사업자 등록을 마쳐야 한다. 사업자 등록증을 시행사에 제출하면 시행사에서 세금계산서를 발행해주는데, 그걸 통해 세무서에서 부가가치세를 환급받는 것이다.

반면 주택임대사업자는 취득 등기 60일 이내에 등록하면 된다. 그러나 등기 이전에 하는 게 좋다. 주택임대사업자의 경우, 등기 시에 사업자 등록이 안 되어 있거나 일반임대사업자로 등록되어 있으면

4.6%(부가가치세 제외 금액으로 적용)의 취득세를 내게 된다.

신규 분양 오피스텔 분양가격 예시

대지 가격	건물 가격	부가가치세	총 공급금액
50,048,000	106,352,000	10,635,200	167,035,200

예를 들어 위 표와 같은 오피스텔 분양가라면 (대지 가격
50,048,000원 + 건물 가격 106,352,000원) × 4.6%를 적용해
7,194,400원의 취득세가 발생한다. 하지만 주택임대사업자 등록이
되어 있으면 85%가 차감된 1,079,160원을 내면 된다.

그런데 만약 주택임대사업자 등록을 등기 이후에 하면, 7,194,400
원을 낸 이후에 사업자 등록을 하고 다시 세무서에서 신청한 후 환
급을 받아야 하는 번거로움을 겪게 된다. 따라서 사전에 일반임대사
업자로 등록할지 주택임대사업자로 등록할지를 결정하고, 빠르게
사업자 등록을 해놓는 게 좋다. 분양계약서만 있으면 잔금을 내기
한참 전이라도 등록할 수 있다.

종합소득세

오피스텔을 일반임대사업자로 등록할 경우에는 종합소득세를 과
세한다. 만일 근로소득이 있고 일반임대사업자의 임대소득이 있는
경우에는 기존 연말정산을 한 이후 최종 확정된 근로소득과 임대소

득을 합산하여 소득세를 부과받는다.

반면 주택임대사업자는 2018년까지 2,000만 원 이하에는 소득세가 부과되지 않았다. 그렇지만 2019년부터는 임대소득세가 부과되는데, 이때도 2,000만 원 이하의 임대 소득은 분리과세 15.4%(지방세 포함)로 세율이 적용된다.

만약 소득이 높은 근로소득자라면 일반임대사업자보다는 주택임대사업자로 오피스텔을 활용하는 것이 소득세 측면에서 유리하다. 물론 연 임대소득이 2,000만 원 이상인 경우에는 초과 부분에 대해서 다른 소득에 합산되는 점도 유의해야 한다.

오피스텔 보유 시 발생하는 재산세와 종합부동산세

재산세의 경우 일반임대사업자로 등록하게 되면 별도의 혜택 없이 과세표준액 × 60% × 0.25%의 세율로 연 재산세의 대상이 된다.

가령 과세표준액 1억 원의 투자 물건이라고 가정해보면, 1억 원 × 60% × 0.25% = 150,000원의 재산세가 부과된다. 반면 주택임대사업자라면 전용면적 40㎡ 이하 오피스텔은 두 채까지 재산세 면제 혜택이 있다.

종합부동산세는 업무용인지 주거용인지, 활용에 따라 다르다. 만일 업무용으로 활용한다면 상가와 동일하게 공시가 80억 이상인 경우에만 종합부동산세 납부자에 해당한다. 반면, 주거용 부동산은 주택과 동일하게 부과된다. 그러나 이 경우에도 주택임대사업자로 등록하는 경우에는 종합부동산세 대상에서 제외된다. 단, 2018년 9월 13일 대책에서는 1주택 이상자가 조정대상지역에 새로 취득한 경우, 임대 등록을 하더라도 종합부동산세에 합산 과세가 된다.

부동산 매도 차익에 발생하는 양도소득세

오피스텔 임대사업자 등록을 하는 가장 큰 이유 중 하나는 기존 보유 주택에 대한 2주택 적용으로 양도소득세 비과세 혜택을 받지 못할 것을 대비하기 위해서다. 일반임대사업자를 등록하게 되면 주택이 아니니 기존 보유 주택 매도 시 오피스텔이 주택 수에 들어가지 않는다. 주택임대사업자 역시 특례법에 의해 주택 수에서 제외해주는 조항이 있다. 이 역시 기존 주택 매도를 위한 절세 방법의 하나로 많은 분들이 사업자 등록을 활용했다.

하지만 일반임대사업자와 주택임대사업자가 등록한 오피스텔을 각각 매각할 때 발생하는 양도소득세에서는 차이가 발생한다. 일단 일반임대사업자로 등록해 상업용으로 사용한 오피스텔의 양도소득세는 일반세율이 적용된다. 반면 주택임대사업자를 등록한 경우에는 2018년까지는 임대 물건도 10년 이상 보유 시 양도차익에 대해 비과세라는 특례가 있었다. 그리고 2019년부터는 10년 보유 시 장기보유 특별공제 70%까지 적용받도록 혜택을 주고 있다. 양도소득세 측면에서 임대사업자에게는 큰 혜택인 것이다. 다만, 2018년 9월 13일 대책 이후로 조정지역에 대해서는 양도소득세 혜택이 줄어든

점은 투자 시 참고해야 할 내용이다.

반드시 일반임대사업자를 활용해야 하는 경우

오피스텔 투자 시 유의해야 할 사항이 하나 있다. 실제 오피스텔에 투자했다가 큰 낭패를 본 사례다. 예를 들어 국민임대주택에 거주하거나 서울시 시프트에 거주하는 사람들의 경우에는 주택임대사업자를 등록한 주거용 오피스텔 투자 시, 임대주택 거주를 위한 무주택 조건에서 결격사유가 발생하게 된다. 만약 이런 형태로 거주하고 있지만 오피스텔을 분양받거나 매수한 경우라면 반드시 일반임대사업자로 등록하고 사무실과 같은 업무시설 임대사업으로 활용해야 한다. 실제 이렇게 하지 않고 주택임대사업자로 등록했다가 거주지에서 어쩔 수 없이 나와야 하는 상황을 본 적이 있다. 이 점은 유의해야 할 필요가 있다.

오피스텔은 주거용으로 활용하는지, 업무용으로 활용하는지에 따라 큰 차이가 있으니 자신의 상황에 맞춰서 잘 활용해야 한다. 오피스텔 세금 및 사업자에 대한 기초 지식 없이 투자에 나섰다가는 낭패만 겪는 경우가 많다.

이제 기초적인 내용은 정리되었을 것이다. 다음 소개하는 주택임대사업자 제도에 대해 자세히 보고 투자에 나서길 바란다.

오피스텔 투자 Tip : 오피스텔 갭투자!

2016~2018년 아파트 투자시장의 트랜드는 바로 갭투자였다. 갭투자란 전세 시세와 매매 시세의 차이가 적은 경우, 전세 세입자를 두고 적은 금액으로 매매 투자하는 방법으로 세입자의 전셋값을 레버리지 삼아 수익을 누리는 방식이다. 우리나라 아파트 시장은 2008~2014년까지 하락을 경험했다. 반면 전세 시장은 4년 연속 상승하는 모습을 보였다. 급기야 2014년에는 매매가 대비 전세가 비율이 90%를 넘어서고 심지어 매매가와 전셋값이 동일한 아파트가 있기도 했다. 이때 저금리 상황과 맞물면서 갭투자가 시작됐다.

강서구의 한 아파트 단지를 예로 들어 보자. 신혼 초기에 거주했던 곳으로 20년 된 아파트 단지다. 거주하던 2015년도를 보면 매매가와 전셋값이 같다. 1,000만 원만 있다면 등기 비용까지 해결하고 이 아파트에 투자할 수 있는 셈이었다.

구분	매매변동			전세변동		
	하한가	상한가	등락폭	하한가	상한가	등락폭
2018.11	51,250	↑57,500	14,275	30,500	32,500	↑750
2017.11	38,000	↑42,200	7,600	30,000	31,500	↑250
2016.11	30,000	↑35,000	1,000	29,000	32,000	↑500
2015.11	29,000	↑34,000	1,500	28,000	32,000	↑7,000
2014.11	27,500	↓32,500	500	22,000	24,000	↑1,000

출처: 부동산 뱅크

만일 1,000만 원으로 이 아파트에 투자하고 5억 원에 매각하게 됐다면, 20배의 수익을 올릴 수 있었다. 무려 2000%, 연평균 400% 수익인 것이다. 하지만 2018년에 이 아파트에 투자한다면 갭투자의 조건에서 벗어난다. 일단 매매가 대비 전세가 비율이 60% 정도다. 즉 1,000만 원이 아닌 2억 이상의 자금이 들어가야 한다. 갭투자가 되려면 최소한 매매가 대비 전세가 비율이 80%는 넘어서야, 소액 갭투자라고 본다.

그렇다면 왜 지금은 오피스텔이 갭투자에 알맞은지 살펴보자. 오피스텔은 아파트 시장 상승기에 상대적으로 소외되었다. 하지만 전세가는 꾸준히 상승했고 특히나 투룸 오피스텔은 더욱더 매매가와 전셋값의 차이를 줄여왔다.

2018년 11월 15일에 확인한 투룸 오피스텔 단지의 매매가와 전셋값이다.

거래	소재지	단지명	면적	매물가
전세	오류동	확인매물 예성＊＊팰리스 102동 | 부동산써브	139/69	27,000
매매	오류동	확인매물 예성＊＊팰리스 102동 | 부동산써브	139/69	28,000

내부 면적은 아파트 20평대와 유사한 구조를 가지고 있었고 1호선 오류동역에서 도보 6분 정도 거리에 있는 오피스텔로, 2007년 준공되었다. 주변 20평대 아파트들을 보면, 역에서 10분 정도 거리에 있고 전셋값은 이 오피스텔보다 낮지만 매매가는 4억 원대로 구성되어 있었다.

이런 상황이라면 아파트보다 이 오피스텔이 투자가치가 있다고 본다. 이 오피스텔뿐만 아니라 서울, 경기 지역의 대부분 투룸 오피스텔들이 매매가 대비 전세가 비율이 80% 이상이다. 현재 아파트 가격이 단기간에 많이 오른 상황에서, 입지 및 주변 발전계획 등을 고려해서 전세가 비율이 높은 오피스텔을 찾아보자. 아파트보다 더 갭투자로 적합한 투자 물건을 찾을 수 있을 것이다.

PART 3

실패하지 않는
상가 투자 짚어 보기

POINT 1
상가 투자는
아파트와 다른 관점으로 봐야 한다

상가 투자는 많은 사람들이 어렵다고 생각한다. 나 역시 수익형 부동산 컨설팅을 하면서도 가장 개별성이 강해 세심하게 살펴야 할 대상으로 상가 투자를 꼽는다. 명확한 상가 투자 이론이 없다는 이유도 한몫을 한다. 어떤 책을 보면 상권 파악이 중요하다는 내용이 있고, 어느 책에는 배후 수요의 원칙이 중요하다고 말한다. 둘 다 틀린 말은 아니다. 하지만 경험을 통해 배운 건, 상가 투자에서 가장 중요한 건 결국 '실전'이라는 것이다.

상가 현장에 가보면 결국 임대가 중요하다는 걸 알게 된다. 하지만 원칙이 제대로 지켜지는 경우가 많지 않아 문제가 생긴다. 문제가 있거나 공실이 되는 상가들은 하나의 원인이 아닌 여러 가지의 복합적인 요인들이 있어 더더욱 복잡하다. 어떤 원칙을 제시하기보다는 직접 투자해보고, 임차인까지 맞이한 경험을 바탕으로 상가 투자법 사례를 짚어보려 한다.

다수의 사람과 상담하다 보면 투자자들이 '지역'을 중요하게 여기는 걸 알 수 있다. 아파트 투자처로 강남을 좋아하듯 상가도 마찬가지다. 강남의 상가는 좋고 지방의 상가는 좋지 않을 것 같다고 짐작한다. 하지만 차이는 분명하다. 아파트는 가격이 오르면 바로 인근 아파트도 같이 오르는 지역적 특성이 강하다. 반대로 상가는 바로 옆에 붙어 있음에도 임대료에 큰 차이를 보인다.

강남구 대치동 학원가 1층, 전용 15.14평		구로구 가산동 오피스 1층, 전용 15.1평		전주 한옥마을 1층, 전용 20.7평	
보증금	40,000,000	보증금	100,000,000	보증금	350,000,000
월세	2,700,000	월세	4,500,000	월세	15,000,000
전용 평당	178,336원 / 평	전용 평당	298,013원 / 평	전용 평당	724,637원 / 평

지역에 따른 상가 임대료 비교

앞서 수익가격 환원법으로 얘기했듯, 상가의 가격은 철저히 임대소득으로 평가된다. 실제 임대시장에 나와 있는 세 곳의 상가를 보

자. 일단 첫 번째는 강남구 대치동의 학원가로, 사거리 대로변 코너에 있는 건물이다. 통상 이런 코너에 있는 건물은 임차인을 구하기 어렵지 않다. 그 건물 1층에는 권리금 없이 보증금 4,000만 원에 월세 270만 원으로 임대가 나와 있었다. 대치동 상가는 학원가로 유명한 곳이다. 주거지역에 있으면서 업종이 안정적인 식당가 등으로 채워져 있는 곳으로, 월 임대료는 주거상권과 유사하게 전용 평당 10~20만 원 사이로 형성되는 편이다.

그다음 매물은 구로구 가산디지털단지의 지식산업센터 1층에 있는 카페 매물이다. 권리금이 일부 있는 상태인데, 앞의 매물과 비슷한 면적이지만 거의 두 배에 가까운 임대료를 확인할 수 있다. 왜 그럴까? 업무지구에 있고 전체면적 3,000평 이상의 대형 건물이면, 천 명 이상의 배후 인구가 있다는 말과 같다. 게다가 배후 인구가 상가에 머무는 시간 또한 길고 매출 단가가 높다는 특징이 있기 때문이다.

최근 지식산업센터 1층 상가의 인기가 치솟았다. 서울에서는 전용 평당 1억 원으로 분양되기도 했다. 물론 수익 대비 저렴한 가격이 중요하지만, 수익형 부동산 투자자의 성향은 공실 위험이 없는 안정적인 상가를 찾기 마련이다. 어쩔 수 없이 분양가가 높아지는 경향 덕분에 초기 지식산업센터 상가에 투자한 사람들은 수익이 큰 경우가 많다. 이런 건물은 1층 기준으로 월 임대료가 전용 평당

20~30만 원 내외에 형성된다. 매매할 때도 이득이다. 앞서 말했듯 월세를 바탕으로 상가 매매가격이 정해진다.

마지막으로 전주 한옥마을 사례를 보자. 전주 한옥마을의 가장 중심이라 할 수 있는 태조로 인근 상가를 보면 전용 20평 상가가 보증금 3억 5,000만 원에 월세 1,500만 원에 달했다. 전주 한옥마을 경우에는 지역 인구나, 인근 배후 인구 상권이 아닌 전국 상권에 해당한다. 여행객들 방문이 꾸준한 곳으로, 연 방문 관광객이 1,000만 명에 달할 정도로 인기가 있는 곳이다. 이러다 보니 중심 대로변 상권은 전용 평당 임대료가 100만 원이다. 게다가 상가 매매가격 역시 전용 평당 2억 원 정도로 굉장히 높게 형성되어 있었다.

이렇듯 전북 전주시의 상가가 서울의 강남 및 구로의 상가보다 임대료가 비싸게 나온 것을 확인할 수 있다. 아파트로 비교해본다면 어떨까? 이런 역전된 가격은 어림없는 일이다. 하지만 상가는 지역이 중요하지 않다. 상가의 가치는 결국 그 자리에 임차인이 들어왔을 때 '어느 정도의 매출이 나오는지', 그리고 '배후 유동인구와 구매력이 어느 정도인지'에 의해 결정된다. 극단적인 비교일 수도 있다. 하지만 상가는 아파트처럼 강남이라는 이유로 비싸고, 지방이라는 이유로 싸지 않다. 어느 지역이라 하더라도 중심 상업지구는 강남의 주택가 상권보다 임대료나 매매가가 비싸다.

상가 투자에서 실패하는 사례를 보면, 가장 큰 요인은 바로 아파트처럼 지역성을 보고 투자를 하기 때문이다. 역세권이면서 높고 근사하게 지은 건물이 좋아 보이지만, 그 이상 따져봐야 할 것들이 많다. 따라서 첫 번째 포인트는, '상가는 아파트와 투자 방식이 다르다'는 것을 알고 투자에 나서야 한다는 것이다.

POINT 2
지역의 발전 가능성이
상가의 성공을 담보하지 않는다

　보통 아파트나 주택을 고를 때는 역세권을 강조한다. 상가도 마찬가지다. 하지만 절대적인 투자 성공을 담보하지는 않는다. 이번 사례는 바로 그런 내용을 단적으로 보여준다.

　마곡지구는 보기 드물 정도로 많은 지역적 호재를 가지고 있다. 우선 산업단지로 16만 명의 직장인, 유동인구가 들어오는 오피스 지역이다. 또한 지하철 3개 노선(5호선, 9호선, 공항철도)이 들어와 있는 상태로 안정성도 크다. 공항으로의 접근성까지 좋아서 외국 관광객 유치를 위한 호텔 및 국제 업무지구로서의 발전도 기대된다.

　다른 신도시들과는 달리 도시가 만들어지기 전부터 대기업(LG, 코오롱, E-LAND, S-OIL, 롯데 등)과 중견기업이 땅을 매입하고 입주를 확정 지은 상태로, 발전 가능성에 대해서는 그 누구도 부인하지 못한다.

그러다 보니 2014년부터 2016년까지 상가나 오피스 공급이 가능한 토지의 낙찰가격이 거의 두 배 가까이 올랐다. 2014년만 하더라도 업무용지 및 상업용지는 평당 1,800~2,000만 원 수준이었지만, 2016년 하반기 이후에는 4,000~6,000만 원까지 오른 상황이다. 자연스럽게 상가 분양가격 역시 높아졌다.

마곡지구 최고 상권에 해당하는 마곡역과 발산역, 마곡나루역 역세권 상업용지의 초기 분양 상가들은 1층을 기준으로 전용 평당 6,000~8,000만 원 사이로 분양가격이 형성이 되었다. 2016년 이후에는 업무지역 상가들은 토지 낙찰가격이 높다 보니 전용 평당 1억 원 이상을 호가했다.

그러나 위치가 좋았던 상업용지 상가조차도 초기 임차의 어려움을 겪고 있다. 마곡지구가 여전히 개발지구인 탓이다. 바로 기업들의 입주 시기와 상가 입점 시기의 차이 때문이었다.

비전 및 목표

SH 공사에서 제시한 마곡지구 비전과 공사 중인 모습

배후 직장인 및 유동인구가 없는 상황에서 준공된 건물들은 필수적으로 공실 기간을 겪는다. 짧게는 6개월이지만 길게는 2년까지 가기도 한다. 물론 이곳 상가들의 미래 가치는 뛰어날 거라 예상할 수 있고 자금의 여유를 가지고 분양을 받았더라면 큰 문제 없이 상가를 운영할 수 있을 것이다.

그러나 상가의 분양 시장을 내다보면 많은 문제점이 있다. 그중 가장 큰 부분이 바로 선분양의 문제다. 상가 분양을 할 때는, 계약금 10%만으로도 분양을 받을 수 있다. 즉 10억 원 분양가의 상가라 해도 1억 원만 있으면 분양이 가능한 것이다. 그리고 40~50% 정도의 중도금은 시행사에서 은행 및 제2금융권 등의 금융기관을 알선해주고, 분양주의 신용으로 대출받도록 한다. 나머지는 준공 시점에 잔금을 내는 순서로 아파트 분양과 다르지 않다.

이때 많은 분양상담사가 상가의 미래 가치를 얘기하면서, 입주 전에 프리미엄을 받고 팔아주겠다는 내용으로 영업을 한다. 실제 초기 분양했던 상가 중 지하철역 출구 앞은 분양가가 전용 평당

7,000~8,000만 원 정도였고 1층 상가의 경우에는 1억 원 내외의 프리미엄이 형성되어 거래되기도 했다.

문제는 그 이후에 분양한 상가에서 나온다. 초기에 분양했던 상가들보다 못한 입지임에도 불구하고, 시행회사들의 토지 낙찰가격이 올라가다 보니 분양가격은 오히려 30% 정도 오른다. 만약 이런 결과로 이 상가들이 전매되지 않고 입주 시점이 도래하거나, 임대마저 들어오지 않은 상황이 생기면 큰 문제가 발생한다.

아래 물건도 그런 사례이다.

분양가	1,684,000,000
전용면적	15.91평
전용 평단가	105,845,380 / 평
매매가	1,524,000,000원
분양가 차액	−160,000,000

마곡지구 오피스 빌딩 상가 투자 실패 사례

5호선 마곡역에서 도보 3분 거리에 위치한 건물의 1층 상가였다. 마곡지구 최고 대로변인 공항대로에 위치해 미래의 발전 가능성이 높은 건물이지만 현재 이 건물 배후에 기업 입주가 이루어지지 않은 상황이다. 유동인구가 거의 없는 편에 속한다.

건물 4층부터 오피스로 사용되고 있어 내부 직장인만으로 상가가 유지될 수 있겠다고 생각하겠지만, 호실이 많지 않아 임차인이 들어온 이후로도 매출이 높지 않을 것으로 예상된다.

투자자는 자금 여유가 없었다. 대출이 어려워지고 한도가 낮아지다 보니 잔금을 낼 수 없는 상황이었다. 이런 상황이 길어지면서 투자자는 중도금 대출 이자 납부를 시작하게 됐다. 그리고 잔금 지연에 대한 비용까지 납부해야 할 수밖에 없었다. 대략 계산해보니 하루에 50만 원 이상의 비용이 들어가야 했다.

잔금에 부담을 느낀 투자자가 계약 당시 납부했던 계약금 10% 전액을 포기하는 조건으로 매물로 내놓았다. 그런데 안타깝게도 이 물건의 분양가가 워낙 높았다. 임대가 힘들 거라는 예상 때문에 그 누구도 매수에 나서지 않고 있다. 글을 작성하고 있는 시점까지도 이 물건은 해결되지 않았다.

아무리 개발 계획이 좋다고 하더라도, 모든 부동산이 성공을 약속하지 않는다. 특히 상가 임차인은 미래의 개발 계획과는 무관하다. 당장의 유동인구와 매출을 중요하게 생각한다. 들어와서 6개월만 장사가 안되어도 파산 위기에 놓이게 될 뿐만 아니라 기본 시설비 수천만 원 이상에 노동까지 들어가야 한다.

상가는 미래의 계획이 훌륭하다고 하더라도 당장 영업이 안 될 위치라면, 자금이 충분할 때 투자해야 한다. 미래의 시기까지 여유 자금이 없다면 큰 손실을 볼 수도 있으니 이 점 유의하도록 하자.

POINT 3
상가 투자처는 주거와 상업이
분리된 곳에서 찾아라

잠실역 상가주택	VS	발산역 1층 구분 상가
200평	면적(전용)	16.96평
49억 5,000만 원	매매가(분양가)	18억 원
10억 원	보증금	1억 원
500만 원	월 임대료	850만 원
1.52%	임대 수익률	6%

왼쪽 물건은 송파구 2호선 잠실새내역 인근의 상가주택이다. 전체면적 200평, 대지면적 86평의 매물로, 매매가는 통으로 49억 5,000만 원으로 나와 있다. 오른쪽은 발산역 근처에 있는 구분 상가 1층이다. 18억 원에 분양되었고, 현재 통신사 대리점으로 임대되어 있는 상태. 사실 평단가로 본다면 발산역의 상가가 비싸 보인다. 평당 1억이 훌쩍 넘어서니 당연히 비싸게 보일 수밖에 없다. 오히려 송파구 잠실새내역 상가주택의 가격 49억 5,000만 원이 수긍될 것이다.

하지만 나라면 발산역 상가에 투자할 것이다. 그 이유를 살펴보자. 상가주택은 많은 사람의 로망이다. 다수의 수강생을 상담하다 보면, 상가주택을 하나 매입해서 꼭대기 층에 자신이 거주하고, 1층에는 상가, 2층부터는 다른 사람에게 임대를 주고 월세 받아 생활하고 싶다는 생각을 내비친다.

은퇴자들은 이 생각이 더더욱 강하다. 하지만 나는 상가주택 투자에 조금 부정적이다. 물론 초기의 상가주택을 잘 사는 경우 수익을 볼 수 있다. 하지만 상가주택들이 위치한 곳을 보면 대로변이나 상업지역과 거리가 있는 편으로 대부분 이면에 있다. 신도시조차도 단독주택 지역으로 분류된 곳에 있다.

게다가 같은 1층 상가라 해도 임대료가 천차만별이다. 앞에서 한옥마을을 예로 든 것처럼 전용 평당 100만 원이 넘는 곳도 있지만, 동네 골목 상권은 10평에 50만 원인 상가도 있다. 대부분 상가주택은 이런 골목 상권에 있으니 월 수익 기대치가 낮을 수밖에 없다.

또한 상가주택이 있는 곳은 주거환경이 좋지 않다. 한번 생각해보자. 내가 사는 집 1층에 술집이 있다면 어떨까? 나는 개인적으로 상업지역에 사는 것을 선호하지 않는다. 그리고 상가주택은 주차 허가기준이 약해 주차난이 심한 경우가 많다. 상가주택에 대한 꿈이 있는 분들도 몇 년 살아보면 나중에 자기가 살던 집에 세입자를 들이고 다시 아파트로 이사하는 경우를 많이 봐왔다.

수익형 부동산 투자의 원칙 중 한 가지는 가능하면 주거와 상업을 분리해서 투자에 나서야 한다는 것이다. 예를 들어 앞서 본 1층 상가는 마곡지구의 최고 상가 중 하나다. 마곡지구 최고 상권인 발산역 출구 바로 앞에 위치하면서 사거리 대로변 코너 자리에 위치하고 있다. 또한 상가 바로 앞에는 광장이 있다. 많은 사람들이 만나는 곳이 될 가능성이 높다. 기업 입주가 50%도 안 된 상황이기에 상권 발달 초기 시장이긴 하지만 높은 임대료에 임차가 맞춰졌다. 향후 시간이 지날수록 이 상가는 빛을 낼 가능성이 높다.

기업들이 계속해서 입주하고 광장을 따라 상권이 형성될 경우, 대기업 프랜차이즈의 안테나숍으로 지금보다 더 높은 임대료와 권리금이 예상되는 곳이다. 만일 50억 원이 있어서 왼쪽의 상가주택 투자를 할 여력이 있다면, 오른쪽 사진의 최고 상권 1층 상가에 투자하기를 권한다. 나머지 금액으로는 안정적인 주거용 부동산(아파트 및 오피스텔 등)에 투자하거나, 주거환경이 좋은 곳에 자신이 거주하는 포트폴리오라면 좀 더 합리적인 투자 대안이 되지 않을까 싶다.

역 출구 앞 사거리 대로변 코너 상가들은 사고 싶어도 못사는 상가다. 한 번 상권이 완성된 곳에 가서 물건을 찾아보아도 좋다. 강남역, 홍대입구역 등 최고 상권뿐만 아니라 지방의 유명 상권 및 중소형 상권 어디를 가더라도 대로변, 역 출구 앞자리는 임대료가 최소 전용 평당 30만 원 이상이다.

신도시 생성 초기에 이런 최고 입지 상가를 잘 골라서 투자하게 되면 안정적인 월세 수입과 매매차익을 함께 누리게 될 수 있다. 주거와 투자의 분리는 정말 중요한 포인트다. 그리고 상가 투자는 신도시 및 새롭게 개발되는 지역의 초기 시장이라면 반드시 임장을 해서 살펴볼 필요가 있다. 어느 지역이나 최고 자리는 임대 안정성과 미래 성장 가능성이 뛰어나다.

POINT 4
임대료로
상권을 분류해보자

	특징	주요 업종	1층 상가 임대료
A급 상권	• 역세권 위치 • 광역 상권으로 주거 + 업무 + 상업 혼합 • 직장인 밀집지역 • 반경 1~2Km 광역	프랜차이즈 커피숍, 이동통신 대리점, 패스트 푸드점, 2층 은행, 대형 미용실, 전문학원 등	전용 평당 30만 원 이상
B급 상권	• 여러 아파트 단지 5,000세대 이상 배후 • 근린생활 지역으로 학원가 및 주택가 형성 • 버스 정류장 등 중소 교통의 요지	대형음식점, 기업형 슈퍼마켓, 전문의류점(아웃도어 / 신발가게 등), 1층 은행, 2군 프랜차이즈 가맹점	전용 평당 15~30만 원 정도
C급 상권	• 아파트 1개 단지 지역 및 빌라 단독 지역 • 상가주택 형성 비율이 높음	영세 슈퍼마켓, 세탁소, 카센터, 보습학원, 분식점, 각종 배달 전문점 등	전용 평당 10만 원 내외

상가를 살피다 보면 임대료와 임대된 업종의 현황으로 상권의 등급을 예측할 수 있게 된다. 이를 전문가들이 분류하는 방법으로 A, B,

C급으로 나눠보자. 이 분류는 이론서에서 나온 내용은 아니지만, 상가의 가격과 임대료가 잘 나오는 특징을 살피고 분류한 것이다.

도대체 어디일까?: A급 상권

최소한 전용 평당 30만 원의 임대료를 받을 수 있고 표에서처럼 1층에 1군 프랜차이즈 업체 위주로 들어간 곳이다. 일반적으로 A급 상권은 대기업 프랜차이즈들의 각축장이 되곤 한다. 이러다 보니 높은 권리금이 발생한다. 처음 개인자영업자들이 있었다 하더라도 높은 임대료로 인해 결국 대기업 매장으로 변하는 곳이다.

조금 더 쉽게 A급 상권을 이야기하자면, 이 설명이 가장 직관적일 것 같다. 우리가 '어디서' 모이자 할 때 가장 많이 생각나고 쉽게 만날 수 있는 곳. 그곳이 A급 상권이 될 가능성이 높다.

다음 사진은 A급 상권의 대표적인 예시다. 물론 강남역이나 홍대입구역 같은 곳을 얘기할 수 있지만, 그런 곳은 워낙 유명한 지역이다. 그와 유사한, 아래 사진과 같은 곳도 살피면 좋다.

A급 상업지역 예: 왼쪽 서울 시청 앞 대로변 상권, 오른쪽 연남동 경의선 숲길 상권

우선 왼쪽은 서울시청 인근의 상가들이다. 대표적인 업무 상권으로 공실 없이 식당가와 함께 직장인 상권으로 잘 발달되어 있다. 이런 업무지역은 기본적으로 점심과 저녁 장사가 안정적으로 유지된다.

그리고 오른쪽은 최근 가장 떠오른 연남동의 경의선 숲길 상권이다. 경의선 숲길 공원이 들어서기 전까지만 하더라도 경의선 철도로 단절된 단독주택 지역이었다. 상권 발달 자체가 없던 곳이지만 경의선 철도를 지하화하고 지상을 공원으로 꾸미며, 서울의 명소로 탈바꿈했다. 특히 홍대상권이 확장되면서 광역적으로 이곳을 찾는 사람들이 늘었다. 한 곳은 업무지구의 대표적인 A급 상권으로 볼 수 있으며, 한 곳은 사람들이 광역적으로 찾아오는 곳이다.

그런데 A급 상권의 경우, 신도시의 구분 상가로 투자하는 경우가 아니라면 일반 투자자들이 투자하기 쉽지 않다. 일단 상권이 만들어지면 이런 위치의 상가들은 매물로 나오지 않는다. 매물로 나오더라도 굉장히 높은 가격으로 나오는 경우들이 많아, 10억 원 이하 금액으로는 투자하기 어렵다.

상가 매물이 나오지 않는 다른 이유로는, 양도소득세 때문이다. 상가는 주택처럼 1주택 비과세 조건이 없다. 따라서 상가에서 억대 차익이 있는 경우에는 38% 이상의 세율 구간에 들어가기 때문에 세금액이 상당히 부담된다. 따라서 임대가 잘 나오고 상권 확장이 가능한 상가들은 매물로 나오는 경우가 드물다.

일반 투자자들의 투자 대상: B급 상권

B급 상권이라 하면 우리가 주위에서 흔히 볼 수 있는 동네 상권을 말한다. 주로 주거지역에 있으며, 약 5,000세대 이상 되는 곳의 중심 상업지역인 곳들이다. 동네에서 학원이 모여 있거나, 병원이 모여 있는 곳들이 대표적이다. 통상 이런 곳은 상권의 변동이 작고 배후가 변하지 않아서 안정적인 경우가 많다. 또한 투자 금액도 1층 상가 기준, 5억 원 내외로 가능하다.

다만 그만큼 높은 가격 상승을 기대하기가 어렵다는 단점도 있다. 따라서 이런 지역에 투자할 때는 임대료 대비 저렴한 물건을 잘 찾아내는 게 중요하다. 실제 상담하고 투자까지 한 사례를 보면 A급 상권에 투자한 경우보다 B급 상권에 안정적인 매물을 싸게 투자해 큰 수익을 본 경우가 더 많았다.

주거 단지 내 상업지역 B급 상권, 강서구 등촌동, 일산신도시 학원가

B급 상권의 특징은 두 가지가 있다. 일단 1층 기준 임대료가 전용 평당 15~30만 원 사이로 일반적인 지역 상가 임대료와 비슷하다. 하지만 더 재미있는 기준은 업종이다. 가장 특징적인 업종은 바로 은행이다. 은행은 보통 대로변의 목이 좋은 곳에 있다. 만약 은행이 1층에 있으면 그곳은 거의 B급 상권이다. 요즘 은행의 위치를 한번 떠올려보자. 대부분 중심 상업지역에서는 1층에 ATM기를 두고 영업점은 2층에 있다. 하지만 B급 상권은, 상대적으로 낮은 임대료 덕분에 1층에 영업점이 있다.

그리고 최소 전용면적 50평이 필요한 기업형 슈퍼마켓과 아웃도어 의류 매장이 1층에 있는 곳이다. 넓은 면적이 필요하지만 A급 상권에서는 그 비용을 감당할 수 없는 업종들이다. 은행과 마찬가지로 결국 들어오는 업종이 층별로 정해지곤 한다.

B급 상권도 공실 위험이 높지 않고 임대료를 안정적으로 받을 수 있다. 만약 A급 상권에 투자할 자금보다 부족하다면, 오히려 B급 상권의 좋은 자리에 투자하는 게 훨씬 더 효율적이다. 때로는 용의 꼬리 상가보다는 뱀의 머리 같은 상가가 더 좋다.

투자 추천을 해야 할까? 말아야 할까?: C급 상권

상권이라는 표현이 애매한 상가들이 있다. 동네의 골목 상권이다. 실제로도 매출이 많이 나지 않는 곳들이다. 1층 기준으로 전용 평당 10만 원 안쪽의 임대료로 형성되어 있고 업종으로 보면 1층에 작은 슈퍼마켓이나 작은 분식집이 많다. 간혹 개인 세탁소나, 배달 위주의 업종이 1층에 자리 잡고 있는 경우들도 있는데, 흔히 얘기하는 동네 상가들이다. 상가주택의 투자가 아니라면 투자하기에 모호한 물건이다.

C급 상권, 일반 주택가의 골목

POINT 5

지도로

상권 파악하기

상가 투자를 할 때, 직접 가지 않고 미리 지도로 그 지역을 살피면 어느 정도 판단이 서게 된다. 신도시의 경우에는 계획도시다. 즉 주거와 상업을 분리하고 상가 지역을 구분한 경우가 많다. 이런 지역은 배후 수요에 의한 동선 파악이 중요하다. 상가는, 상권에 영향을 미치는 배후 수요와 업종을 가장 민감하게 봐야 한다.

다음 지도를 보고 이에 대해 살펴보자. 참고로 아래의 지도는 실제 내가 사는 단독주택 지역이다. 상가 투자 유망지역으로 추천하는 곳은 아니지만, 상권의 아주 중요한 특징을 내포하고 있다. 지도를 보자. 3개의 상권 권역으로 구분되고 있다.

운양역 북쪽 지역의 상권과 남쪽 지역의 상권을 구분했는데, 주거로 볼 때 북쪽은 주로 아파트와 오피스텔로, 남쪽은 단독주택과 오피스텔 블록으로 나뉘어 있다. 지도를 보면 운양동은 도시 계획이 참 특이하다. 2기 신도시답게 스카이라인을 고려한 도시 계획을 확인할 수 있다. 다른 곳과 다르게 친환경을 지향하면서 고급 단독주택 지역과 아파트 지역을 혼재한 계획도시인 것이다.

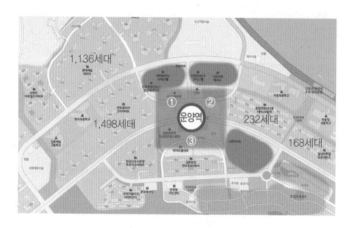

김포 한강신도시 운양동 지도

신도시 지역에 가보면 이와 같은 지도를 쉽게 구할 수 있다. 빨간색은 상업지역, 파란색은 오피스텔 및 오피스 등이 입주하는 업무지역, 연한 노란색은 아파트 지역, 진한 노란색은 단독주택 및 상가주택 지역을 표시한다.

이 지도를 기본으로 권역별로 하나씩 살펴보자. 자세히 보면 김포 한강신도시 운양역의 경우에는 도시의 초입부터 역의 오른쪽 위에 해당되는 곳, 즉 ②번 블록은 땅이 넓지만 세대수가 작다.

이 지역은 원래 블록형 연립주택 지역으로 4층 이하로 집을 지을 수 있게 되어 있었다. 대지는 넓지만, 배후 인구가 적다는 것을 쉽게 알 수 있다. 반면 왼쪽 ①에 해당하는 지역은 반도유보라 2차 아파트, 롯데캐슬 아파트, 이랜드 타운힐스 등 각 1,000세대 이상 단지가 모여 있다. 결국 이 세대 수의 차이가 상권의 차이를 가져오게 되는 셈이다. 실제로 이 지역의 상업지역을 보면 초기에 들어선 ②번 블록의 상가에는 영화관도 있고, 스타벅스도 입점했다. 이런 집객 시설들이 있었음에도 불구하고, 결국 제대로 상권이 형성된 곳은 아래 사진의 ①번 블록에 해당한다.

공실 없이 들어선 고층 아파트 근처 ①번 블록의 상가들

②번 블록의 경우에는 주택 층수가 낮고 배후 세대가 적다. 물론 자세히 보면 이 블록에는 상가에 도움이 될 수 있는 업무용지가 함

께 있다. 바로 앞 장에서 살펴본 오피스텔 용지다. 이곳은 스카이라 인을 고려할 정도로 주거환경을 쾌적하게 만든 계획도시답게 오피 스텔조차 5~8층으로 구성되어 있다. 넓은 땅인데도 불구하고 오피 스텔 세대수가 200세대 내외로 배후 인구에 크게 도움이 되지 않았 다. 결국 아래의 사진처럼 ①번 블록과는 달리 공실 상가가 많다는 걸 쉽게 알 수 있다.

공실 상가가 많은 저층 타운하우스 주변

상가 분양을 할 때 배후 지역을 신도시 전체로 넓게 잡고 배후 인 구를 산출하는 경우를 봤다. 그리고 이런 방법으로 분양을 하는 경 우가 많다. 하지만 배후 상가들의 동선 및 유동인구 파악이 가장 중 요하다. 이곳은 배후 인구 대비 상가의 공급이 너무 많았고 아무래 도 상권이 완성되기까지 시간이 걸릴 수밖에 없는 구조였다.

③번 블록은 오피스텔 및 단독주택들이 만들어지고 있는 곳이다. 다행히 버스정류장 앞이면서 지하철역 바로 앞에 있다. 이곳 역시

배후 인구가 적어서 상권 활성화까지는 시간이 필요해 보인다.

상가 투자에 있어서 상가 보는 눈을 키우기 위해서는 거시적이 아닌 미시적인 시각으로 꼼꼼하게 살펴볼 필요가 있다.

POINT 6

배후 안정성이 높은
단지 내 상가

상가는 투자 금액에 따라 투자 방식이 다르다. 그리고 유형별로 특색이 있고, 주의해야 할 사안들이 있다. 아래의 표는 각 상가의 유형과 특징이다. 이 중에서도 우리가 일반적으로 투자하는 대상은 근린 상가와 단지 내 상가다. 이번 페이지에서는 단지 내 상가에 대해서 알아보고자 한다.

상가의 종류와 유형별 특징 정리

종류	특징	투자 포인트
아파트 단지 내 상가	• 아파트 단지 내에 위치 • 아파트 고정 유동인구 확보 • 추천 업종: 부동산, 세탁소, 슈퍼마켓 등 생활 밀착형 업종	• 소형 평수 위주 대단지 상가가 유리함 • 최소 500세대 이상의 단지 • 상가 면적이 가구 당 1㎡ 이내인지 확인(상가의 과잉 공급 필수 체크) • 스트리트형으로 단지 외부 인구 흡수 가능한 상가이면 금상첨화
근린 상가	• 항아리 상권, 주거 중심의 상업지역 • 병원 상가, 학원 상가 대표적 • 광역적인 배후 세대 확보 위치 • 추천업종: 약국, 병원, 학원, 제과점, 편의점 등 소형 면적 위주 상가	• 역세권 / 교통 접근성이 용이한 상가 • 배후 주거 최소 5,000세대 구성 • 배후 직장인 1,000명 이상 구성 오피스 • 학원가 / 수변 녹지 등 다양한 유입 요소가 있다면 상가 임대 안정적 • 주차여건이 잘 갖춰져 있는 상가
주상복합 상가	• 단지 내 상가 + 근린 상가의 특징 • 주상복합 주거 시설 내 위치한 상가 • 추천 업종: 부동산, 편의점, 분식 등 1인 가구 위한 업종 유망	• 교통 접근 용이한 곳 • 주로 상업지역에 있는 곳으로, 상업지역과의 조화 및 업종 분석 필요 • 배후 300세대 이상 1인 가구 유리
쇼핑몰 테마 상가	• 의류나 전자와 같이 하나의 주제로 구성 • 쇼핑몰 운영 주체와 투자자 다름	• 소액 투자 가능하지만 성공 사례 거의 없음

단지 내 상가는 아파트와 같은 공동주택 단지 내에 건축된 곳으로, 단지 입주민들의 생활 편의 제공을 위한 생활 시설, 구매시설, 교육 시설과 같은 업종 위주로 입주한다. 대표적으로 슈퍼마켓, 부동산, 학원 등이다. 입점하는 업체 입장에서는 아파트 입주자라는 고정 고객이 어느 정도 확보된 상태에서 들어오게 되니, 안정적이라고 생각한다. 게다가 투자자 입장에서도 다른 상가에 비해서 공실의 위험이 낮아 유리한 투자재가 된다.

최근에는 1층 기준으로 근린 상가들이 전용 평당 5,000만 원~1억 원 정도 고가 분양되는 반면에, 단지 내 상가는 3,000~7,000만 원 내외로 분양된다는 점도 매력 있는 지점이다.

하지만 이런 단지 내 상가의 장점은 고스란히 단점으로 돌아오기도 한다. 우선 첫 번째로 단지 내 배후 유동인구가 고정되어 있다는 점이다. 반대로 생각해보면 매출 상승에도 제한이 있다는 단점이 있다. 그리고 1,000세대 내외의 단지 내 상가는 규모가 작다. 인근 상업지역의 근린 상가가 점점 확장된다면, 오히려 배후 인구마저 뺏기는 상황이 생길 수 있으므로 동선 파악을 중요하게 여겨야 한다.

이제, 단지 내 상가 투자에 있어서도 외부 인구를 유입할 수 있는지 판단하는 게 중요해진 것이다. 그렇다면 어떤 요소들이 외부 인구를 끌어들일 수 있는지 살펴보자.

단지 내 상가의 잘못된 위치

단지 내 유동인구만 봐야 하는 단지 내 상가 예시

이 상가는 상가 위치 배정을 참 잘못한 곳으로, 단지 내 상가의 단점을 도드라지게 만든 케이스다. 500세대 아파트 단지로, 상가의 매출이 너무 제한적일 수밖에 없다. 물론 실제 입점한 업체의 매출을 보면 안정적이긴 하지만, 주변 상가들 대비 그리 높지는 않다.

일단 정문에 차단기가 보인다. 외부 인구를 차단하는 결과를 낳는 원인이다. 만일 이 상가 배치를 지도상 단지 남동측, 공항초등학교 건너편 사거리에 배치했다면 단지 내부 인구뿐만 아니라 외부의 유동인구도 잡을 수 있는 상가가 될 수 있었다. 특히 사거리 대로변 대각선 맞은편에는 세무서가 있고, 대로 바로 건너편에는 1,000세대 이상의 아파트 단지가 입주 예정이라 더욱더 안타까운 구조였다.

단지 내 상가 이상의 가치를 갖는 상가

근린 상가 역할을 하는 단지 내 상가 예시

반면 위 사진 속 상가는 앞 사례의 상가와는 확연히 다르다는 걸 알 수 있다. 2,700세대 배후의 단지 내 상가로, 단지 자체도 크다. 역세권에 있으며 사거리 코너 방향으로 상가를 두면서, 단지 내 상가 역할뿐만 아니라 인근 아파트 단지 사람들이 모여드는 곳에 배치했다.

실제 이 상가 건물에는 1군 프랜차이즈 업종들이 있고 쇼핑몰 역할까지 담당하고 있다. 임대료도 일반 아파트 단지 상권의 임대료가 아닌 A급 상권의 임대료를 받고 있기까지 하다. 이런 점으로 볼 때, 내부 거주 인구만 보는 상가보다는 주변의 유동인구를 흡수하는 동선에 있는 상가인지를 도면과 지도로 면밀하게 분석할 필요가 있다.

POINT 7

소액 투자 시 주의해야 하는 테마 상가

테마 상가는 하나를 주제삼아 그와 관련한 업종을 중심으로 뭉쳐진 상가를 말한다. 가장 대표적인 예로 동대문의 의류상가, 용산의 전자상가 및 청량리 경동시장 주변의 약재상가를 테마 상가라고 볼 수 있다.

일반적으로 이런 테마 상가들은 층수와 관계없이 내부의 쇼핑상가로 구분된다. 그리고 전용면적 3~5평 내외, 분양가도 1억 원대에서 3억 원대 내외로 소액 투자가 가능한 곳이 대부분이다. 하지만 대부분의 테마 상가들은 인터넷 쇼핑몰이 발달하면서 직격탄을 맞게 되었다. 대표적으로 용산 전자상가의 몰락이 그렇다.

이번에 확인한 상가는 고객이 가지고 있던 매물로, 현재 10년 가까이 공실을 유지한 상가다. 9,000만 원으로 전용면적 2평 정도를 의류 상가로 분양받았다. 건물 내 영화관도 있고 테마 의류업종을 살려 분양받은 의도는 좋았다. 2002년 분양 당시, 동대문의 두타, 밀리오레 등의 열풍에 기대서 영등포역 역세권 상권을 중심으로 활기를 기대했지만, 기대는 오래가지 못했다.

영등포역 테마 상가 사례

테마 상가는 오른쪽 사진처럼 구분 구역을 바닥에 표시하고 분양을 받는다. 그리고 의류 점포 또는 전자 점포들의 매매 테이블 및 디스플레이 장비가 들어선 개방형 매장으로 운영된다. 이렇게 되면 문제가 하나 발생한다. 일단 호실의 구분이 쉽지 않다. 구분된 벽이 없으면, 은행에서 대출받기가 어렵다. 그리고 이렇게 건물 안에서만 운영되는 내부 상가(외부 노출이 안 되는 상가)는 테마가 제대로 갖춰지지 못하면 아무짝에도 쓸모없는 상가가 될 수도 있다.

최악의 상황에서 원래의 용도대로 이용되지 못할 경우, 다른 용도로 바뀔 수 있는지를 생각해야 한다. 내부 개방형 상가는 그 목적을 충족시키기가 어렵다. 테마 상가라도 제대로 벽이 갖춰져 있고, 유동인구가 많아서 다른 용도의 근린생활 시설로 손쉽게 바꿀 수 있다면 일반 상가와 크게 다를 게 없다.

하지만 일반적으로 테마 상가들은 주로 다른 시설(예를 들어 식당으로 활용하기 위한 환기시설 및 배수시설)이 전혀 없다. 그렇게 되면 당연히 공실 가능성이 높아진다. 바로 테마 상가는 이런 점을 주의해야 한다. 수익형 부동산 투자를 하면서 편견을 갖지 말아야 한다고 생각하지만, 테마 상가에 있어서는 한 번도 성공 사례를 본 적이 없다.

POINT 8

구분 상가는
전용면적으로 평가하자

많은 상가 투자자들이 상가 분양을 받을 때 평당 '얼마'에 샀다는 얘기를 한다. 자신은 분명히 싸다고 생각해 한 말이지만, 비싸게 산 경우가 더 많다. 상가의 전용면적과 분양면적을 잘 구분하지 못해 이런 경우가 발생한다.

아래 계약서 내용은 실제 상가 계약서의 한 부분이다. 보통 분양가를 따질 때 많은 사람이 계약면적을 기준으로 상가의 평단가를 계산한다.

	구분	등락 폭
	① 전용면적	61.78
건물	② 공용면적	58.35
	③ 기타 공용(주차장, 전기실 등)	42.56
	계약면적(①+②)	120.13
대지	공유 지분	13.75

일단 계약서 내용을 보면 전용면적은 $61.78m^2$(약 18.68평)이다. 전용면적은 실제 사용하는 면적을 의미한다. 이 상가는 현재 미용실로 운영 중이고 18.68평이면 미용실로 활용하기에 작은 평형은 아니다. 그런데 이 상가 분양 당시 계약자들은 계약면적에 해당하는 $120.13m^2$(약 36.34평)로 알고 분양받았다며, 생각보다 너무 작은 게 아니냐며 항의를 했다.

이 상가의 분양가격은 6억 원으로, 평단가는 1,651만 원 수준이다. 반면 전용면적 평단가로 계산하면 3,211만 원이다. 확실하게 큰 차이이다. 그럼 각 면적이 어떤 의미인지 확인해보자.

① 전용면적: 전용면적은 상가의 실제 사용 면적으로, 분양 후 실제 임대료 및 매매가를 산출할 때 활용하게 된다.

② 공용면적: 상가를 이용하기 위한 복도, 화장실, 엘리베이터, 주차장 등을 의미한다. 상가의 실제 사용 면적과는 관계없다.

③ 계약면적: 공용면적과 전용면적을 합한 전체 면적을 의미한다.

상가의 가치는 전용면적으로 계산해야 한다. 그러면 전용면적의
차이로 상가의 가치가 어떻게 달라지는지 비교해보자.

마곡지구 역세권 지도와 비교 상가의 위치

A와 B 모두 역세권 상업지역에 위치한 상가다. 마곡지구 초기에
분양했던 상가들로 입지로 보면 둘 모두 향후 A급 상권으로 발달할
곳이다. 그런데 이 두 건물의 분양면적과 전용면적의 차이는 크다.

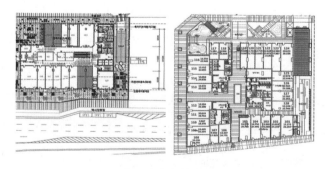

A와 B 상가의 위치 도면

A 상가는 역세권 대로변이 아닌 이면에 위치한 호실이다. 그리고 B 상가는 대로변 마곡역 3번 출구 앞 광장에 위치한 곳으로, 마곡역 출구 공사가 완료되면 향후 가치가 충분히 좋은 곳이다. 그럼 이 두 곳을 동일한 위치라고 보고 면적당 가격이 어떻게 다른지 보자.

분양면적으로 본 분양가 비교

	분양면적(평)	분양가	분양 평 단가
A 상가 124호	32.32평	1,483,499,000	45,900,340
B 상가 102호	24.199평	1,118,790,000	46,232,902

분양 상가를 얘기할 때 평단가로 비교하곤 한다. 만일 입지가 같다면 A 상가와 B 상가 중 당연히 A 상가를 고를 것이다. 분양 평단가를 비교해보면 평당 약 30만 원 정도 난다. 하지만 전용률로 비교해보면 다른 선택을 하게 될 것이다.

전용면적으로 본 분양가 비교

	전용면적(평)	분양가	분양 평 단가
A 상가 124호	13.43평(41.55%)	1,483,499,000	110,461,578
B 상가 102호	13.018평(53.80%)	1,118,790,000	85,941,773

같은 상가지만 전용률 차이가 있다. 분양 평단가는 A 상가가 33만 원 정도 싸게 보였지만 전용 평단가를 보면 오히려 B 상가 전용 평단가가 2,450만 원 정도 더 싸다. 결국 임대도 A 상가가 더 높은 금

액으로 받았다.

임차인은 분양면적에 관심이 없다. 실제 내가 사용하는 면적으로만 임대료를 산출한다. 분명 더 저렴해 보이지만 실제 면적으로 보면 비싼 경우가 비일비재하다. 반드시 상가를 분양받거나 매매할 때는 실제 사용 면적인 전용면적을 기준으로 비교해야 한다.

POINT 9
주 52시간 근무제가
상가에 미치는 영향

노동계 현안인 주 52시간 근무제에 대해 많은 이야기가 오가고 있다. 이 제도가 개인의 라이프 스타일뿐만 아니라 상가에도 꽤 크게 영향을 미친다는 걸 알게 됐다. 주 52시간 근무제가 시장 상황에 어떻게 영향을 미치는지, 그리고 트렌드가 어떻게 변화할지 주목해야 한다.

"주 52시간 근무제는 주당 법정 근로시간을 기존의 68시간에서 52시간으로 단축한 근로제도이다. 관련 법규인 근로기준법 개정안이 2018년 2월 국회를 통과했고 2018년 7월 1일부터 종업원 300인 이상의 사업장과 공공기관을 대상으로 시행됐다." (네이버 용어사전 참조)

생각하기에 따라서는 근로기준법상 주 5일 8시간 근무를 하면 40 시간이므로, 초과 근무까지 합해서 주 52시간 제도가 왜 문제가 되는지 알 수 없다. 하지만 실제로 법이 적용된 현장을 보면 다르다. 직장인은 8시간 근무를 지키기 위해 근무 중 점심시간을 엄격히 준수한다. 이러다 보니 커피 타임 같은 여유 없이 오후 업무를 시작하고, 업무 시간으로 보는 회식도 점차 줄어들게 된다.

이런 부분이 자영업자의 매출에는 직격탄으로 연결된다. 저녁 회식 문화가 점차 줄어들면서 사무실 인근 상권 저녁 매출이 20~30% 이상 줄었다. 물론 그 모든 이유가 주 52시간의 영향은 아니겠지만, 마곡지구 자영업자들이 같은 얘기를 하는 것을 보면 체감할 수 있는 정도이기는 하다.

한때는 최고 상권 중 한 곳이었던 여의도 상권과 구로, 가산디지털단지, 광화문의 상권에서 권리금 하락세와 공실률의 증가가 두드러졌다. 이런 뉴스가 상가 및 수익형 부동산 컨설팅을 하는 입장에서는 좋지만은 않다. 하지만 최근 트렌드를 보니 저녁이 있는 삶, 워라벨과 같이 현재를 즐기고 가족과 함께하는 문화로 바뀌면서 오히려 신도시의 근린생활 시설은 매출이 늘어난다는 점도 주목해볼 만하다.

평일 오후 6시에도 붐비는 신도시 단지 커피숍과 인근 외식상권 모습

한 신도시의 저녁 6시 모습을 보면 변화가 확실하게 보인다. 2018년 이전 저녁에는 썰렁했던 커피숍이다. 하지만 이제는 이른 저녁 시간임에도 불구하고 어느 정도 사람이 차 있는 모습을 볼 수 있었고, 부모와 함께 외식을 즐기면서 뛰노는 아이들을 볼 수 있었다.

무조건 좋아지는 건 아니지만 업종에 따라 다르게 영향을 받는다는 것, 이런 점도 투자 전에 감안해야 할 요소다. 1,000세대 이상의 단지 내 상가 및 학원업종이 52시간 및 탄력 근무제의 수혜 업종으로 보인다. 이런 업종과 관련해 투자의 방향을 찾는 것도 좋은 수단이 될 것이다.

POINT 10
전면 넓은 상가의
가치가 더 높다

　상가 투자를 하다 보면 면적만으로 상가의 가치를 따지는 경향이 있다. 하지만 상가를 거래하고 임대까지 끝내고 보면, 다양한 변수로 임대료와 매매가격이 정해진다. 그중 1층 상가에서 눈여겨봐야 할 부분이 바로 상가의 전면 넓이다. 최근 분양 상가들을 보면 전면이 좁고 길게 늘어진 상가를 흔히 볼 수 있다.

　아래의 그림과 도면을 보자.

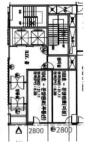

가양역 주변 전면 3m 폭 이하 물건 예시

최근 1층 상가는 전면을 줄이고 깊게 들어간 형태로 만드는 경우가 많다. 땅은 한정되어 있고, 1층은 외부에서 보이는 면으로 가치를 판단하는 만큼 전면을 줄이고 길게 내어 상가를 분할한다. 상가를 공급하는 시행사 입장에서는 큰 이익을 보는 구조다.

이런 공급 구조 때문에 발생하는 기형적인 상가들이 사진과 같은 사례다. 우선 왼쪽의 강서구 가양역 일대 상가는 전면 폭이 2.5m 정도로 좁게 설계되어있다. 위치는 역 출구 바로 앞 사거리 자리다. 자리가 좋다 보니, 어느 정도 임대가 되긴 했지만 임차인들은 노출 면적이나 공간 활용에서 아쉬움을 토로한다. 오른쪽 상가의 도면을 보면 전용면적이 16평임에도 불구하고 3.5m 전면에 불과하다. 하지만 길이는 15m가 넘는다. 이런 경우 임차를 내놓을 때 노출이 약한 점이 주목되기 마련이다. 위치가 좋지 않으면 임차를 놓기 어려울 수 있다.

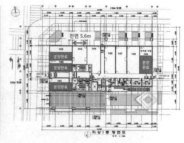

전면 폭넓은 상가 분할 임대 사례

반면 위 사진 속 상가는 앞으로 회사가 들어설 곳 바로 앞에 위치했지만, 입지 면에서 아주 훌륭한 상황은 아니었다. 하지만 이 상가의 경우 전면이 5.6m, 세로 7.6m로 거의 정사각형에 가까운 모양이었다. 이 상가의 입주 시기에는 주변이 모두 공사 중으로 상가 임차가 걱정되는 상황이었고 여기에 임차를 제대로 넣을 수 있을지 우려가 되었다.

그래서 아이디어를 구했던 것이 바로 상가의 분할이었다. 상가의 위치는 좋지 않았지만 건물 오피스텔 294세대를 배후로 두고 있었고 도로 건너편으로는 500세대 아파트 단지가 있었다. 전체 배후 세대를 봤을 때 당장의 활성화를 기대하기는 어려웠지만, 상가 분양가가 비싼 상황이었다. 1층의 경우 100만 원 초반대의 임대 물건이 없었다. 그래서 이 상가를 둘로 쪼개기로 했다. 둘로 쪼개면서 상가 필수 업종인 부동산 1개와 세탁소 1개가 입점할 수 있었다.

이 두 업종은 모두 전용면적 6~8평대를 선호한다. 그렇게 전용면적 13평을 둘로 쪼개 각각 보증금 2,000만 원에 월세 130만 원으로 임대를 줄 수 있었다.

따라서 이 상가는 1층 상가임에도 불구하고 6억 원대에 매수하여, 대출 없이 수익률 5%를 맞출 수가 있었다. 만일 이 상가를 한 호실로 임차를 놓았다면, 190만 원도 받기 힘든 상황이었겠지만 상가를 나누고 월세를 주게 되어 수익률 5%를 맞출 수 있었던 것이다. 지금은 두 업종 모두 이 정도의 월세로 들어갈 장소가 없다는 것을 알고 매년 5%씩 임대료 상승을 감수하고 영업을 하고 있다.

만일 같은 13평 상가였다 하더라도 전면 폭이 5m가 채 되지 않았다면, 둘로 쪼개는 일은 불가능했을 것이다. 상가의 가시성 및 상가의 활용도를 본다면 최소한 상가의 전면 폭이 4m는 넘어야 한다. 물론 이것이 전부는 아니지만 같은 가격이거나 조금 더 돈을 주더라도 전면 폭이 넓은 상가에 투자하는 것이 유리하면서도 안정적인 투자가 된다.

POINT 11
1층 상가, 때로는
10평 이하 작은 면적이 더 좋다

생각보다 작은 상가에서 다양한 업종 영업이 이루어지는 경우를 많이 본다. 하지만 그동안 겪은 투자자들을 보면 의외로 10평 이하 상가를 무시한다. '10평도 안 되는 작은 공간에서 무슨 장사를 하겠어요?' 이런 말을 많이 들었다. 실제 상가 분양 상태에 있거나 매매로 나왔을 때, 금액이 낮아서 쉽게 거래될 거라 생각했지만, 임대가 맞춰져 있지 않은 경우에는 매매가 쉽지 않은 경우가 많았다. 그렇지만 실제로는 이런 작은 상가들이 알차게 운영되는 경우를 많이 봐왔다. 대표적인 사례를 살펴보자.

다음 도면을 보면 이 건물의 상가 중 가장 늦게까지 분양되지 않은 곳이다. 분양 이후에도 전매시장이 활발했지만 이 상가는 준공에 임박해서 임대할 사람을 둔 상태로 낮은 프리미엄을 받고 매각되었다. 면적이 작다는 점과 대로가 아닌 후면에 위치했다는 이유였다. 작은 만큼 면적 대비 평당 분양가는 상대적으로 높은 편이다 보니 이런 결과가 나왔다. 물론 가장 큰 이유는 면적이 애매하다는 평가였다.

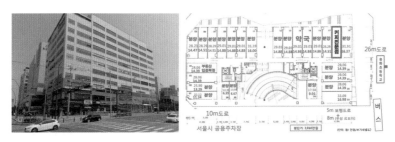

역세권 상가 사례

이 상가를 보면서 위치가 먼저 눈에 들어왔다. 출입구 모퉁이에 있었다. 바로 앞 2,000세대 아파트 단지 주민들이 지하철역으로 갈 때 이 건물을 통과할 것으로 예상했는데, 바로 이 상가가 그 출입구 쪽에 있었던 것이다. 이런 이유로 전용면적 6.35평에 4억 원 초반대에 분양되었고, 고객은 약간의 프리미엄을 얹어서 4억 4,000만 원에 매수할 수 있었다.

　이곳에는 테이크아웃 식빵 전문점이 들어왔다. 일대에 맛집으로 소문나면서 이곳을 시작으로 여러 프랜차이즈를 만들어 성공한 점포가 되었다. 매년 임대료를 꾸준히 올렸고 최근에는 매매가 대비 수익률이 6.4%가 넘는 상황에서 높은 차익으로 매도했다.

　현재 이 건물 1층 상가의 평균 수익률은 3~4% 정도다. 오히려 작은 면적으로 승부를 본 것이 주효했다. 요즘 최저임금이 높아지면서 오히려 10평 내외의 작은 상가들이 인기 있는 경우가 더 많다. 결국 낮은 임대료와 1인이 일할 수 있는 자영업 시장으로 변모하고 있는 것이다. 갈수록 소형업종의 다양화 현상이 두드러지면서 역세권의 배후가 좋은 상가의 소형 평형의 상가라면 눈여겨 볼만하다.

소형 상가 실제 투자 수익률

임대 수익 구성요소	금액	비고
① 매입가격	440,000,000	상가 매매가 (분양면적: 12.38평/전용면적: 6.35평)
② 임대보증금(-)	(30,000,000)	임대 기간 2년, 보증금 3,000만 원/월세 220만 원
③ 금융대출(-)	(250,000,000)	잔금 시 대출 60%까지 가능했지만, 매수인이 250,000,000원 수령
④ 취득제세금 (1.1%, 2.7%, 4.5%)	20,240,000	상가 등 주택 이외 -4.6%
⑤ 실 투자 금액	180,240,000	①-②-③+④
⑥ 연 임대료 수입	26,400,000	월 임대료 220만 원×12개월
⑦ 연 금융비용(-)	(8,000,000)	③×3.2% (실제 매수인 최종 대출 금리)
⑧ 연 순수익 총액	18,400,000	⑥-⑦
⑨ 투자 수익률	연간 10.21%	⑧/⑤ (세 전 수익률)

POINT 12
신도시 단지 내 상가 중
가장 수익성이 높은 부동산 사무소

　마곡지구와 같은 신도시에 가보면 가장 좋은 자리에는 늘 부동산 중개사무소가 있다. 특히 초기의 대형 아파트 단지 내 상가는 전 호실이 부동산으로 맞춰져 있는 경우도 많이 있다. 아파트 단지 내 상가 중, 면적 당 매출액이 가장 높은 곳은 부동산 중개사무소다. 대단지 아파트일수록 부동산 집중 현상이 두드러지지만, 입주가 끝나면 다수의 부동산이 빠지기 마련이다. 끝까지 남는 부동산들은 점차 안정적으로 운영되는데, 이런 안정적인 부동산 상가는 초기에 싸게 잘 매매하면 성공적인 투자가 될 수 있다.

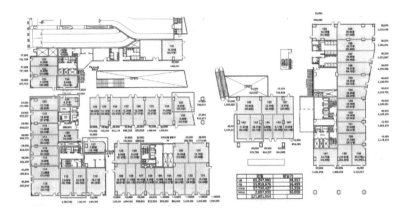

마곡지구 1,390세대 오피스텔 1층 상가 부동산 위치, 총 11개 부동산 입점

부동산 중개사무소는 입주 초기에 들어가면 입주 시점에 분양권 매매와 초기 임차 등으로 많은 이익을 기대할 수 있다. 하지만 초기에는 상대적으로 높은 임대료가 책정된다. 부동산들이 들어가는 호실들을 보면 아래와 같은 특징이 있다.

① 사람들의 동선이 모이는 엘리베이터 출입구 주변, 동선이 겹치는 곳, 아파트의 경우, 정문과 후문 주변의 호실로써 사람들이 많이 오가는 위치를 선호한다.

② 부동산 상가는 작은 면적의 상가를 선호한다. 전용면적 10평 내외, 사무실에 2~3인이 근무하는 게 대부분으로 넓은 면적이 필요 없다.

③ 아파트의 경우에는 월세 200만 원 내외, 신도시 초기 입주 시점 때만 전문으로 하는 부동산은 월 400~500만 원 내외를 부담한다. 이런 경우 향후

권리금까지 생각하고 들어오는 경우다.

④ 아파트의 경우 배후 200세대에 1개, 오피스텔은 100세대에 1개 정도로
부동산이 입점한다.

부동산 상가는 부동산이 입점했다가 나간다고 하더라도, 나갈 때 권리금도 받기도 한다. 아무래도 부동산에 대한 안목을 갖춘 사람들이 들어간 자리이다 보니 그런 자리를 잘 찾아낸다. 그 뜻은 더욱 안정적인 임차인이 들어올 수 있다는 것이기도 하다. 상업지역의 오피스텔 상가의 부동산 자리도 좋지만, 대개 이런 곳은 분양가나 매매가가 높게 측정된 경우가 많아서 적합하지 않을 수 있다. 하지만 낮게 공급되는 아파트 단지 내 상가를 보면 투자로 괜찮은 경우가 있다.

아래는 실제 투자 사례로써 수익률과 매매차익이 높은 사례다.

1,500세대 단지 내 상가, 상가 10개 중 부동산이 8곳

이 아파트 단지에는 10개의 상가가 일렬로 들어서 있고 그중 8곳이 부동산이다. 부동산들이 대체로 위치가 좋아 인근 단지 거래까지 진행하고 있으며, 부부가 같이 운영하는 곳들도 많다. 아파트 단지 입주와 함께 들어와 지금까지 남아있는 부동산들로, 고정 매출이 상당한 듯싶었다. 이곳에 들어와 있는 분께 물어보니 월 1,000만 원 정도의 매출을 올리고 있었다.

그러면 월세 250만 원에 각종 비용을 제외하고 두 명이 500만 원 정도 버는 구조라고 예상 가능하다. 부동산이 단지 내 상가에 자리를 잘 잡기만 하면 매출이 어느 정도 나오는 경우가 많다. 물론 부동산도 경영 능력에 따라 차이가 많이 나는 곳이지만, 이런 수익을 낼 수 있으니 월세를 감당할 수 있고 상당한 권리금까지 측정되고 있었다.

이곳에 투자했던 고객의 수익률은 아래의 표에서 볼 수 있다. 사실 이 아파트도 경기도의 역세권 아파트라 많이 오르긴 했지만 아파트가 오른 것보다 상가가 훨씬 더 많은 차익을 냈다. 초기부터 임대료로 연 19% 이상의 수익을 올렸고, 2017년 매각 시점에는 2억 원의 차익을 누리는 투자였다.

부동산 상가 수익률 현황

임대 수익 구성요소	금액	비고
① 낙찰가격/매매가격	280,000,000/ 480,000,000	분양면적 10평/전용면적 6.1평(2017년 4억 8,000만 원에 매매함)
② 임대보증금(−)	(30,000,000)	4년 전 입주 시점 200만 원에서 현재 220만 원 월세(3,000만 원/220만 원)
③ 금융대출(−)	(150,000,000)	초기 분양가의 60%~70%까지 대출이 가능했지만 매수자 필요에 의해 받은 금액
④ 취득제세금 (1.1%, 2.7%, 4.5%)	12,880,000	상가 등 주택 이외 −4.6%
⑤ 실 투자 금액	112,880,000	①−②−③+④
⑥ 연 임대료 수입	26,400,000	월 임대료 150만원×12개월
⑦ 연 금융비용	(4,950,000)	③×3.3%
⑧ 연 순수익 총액	21,450,000	⑥−⑦ (월 1,141,666원)
⑨ 투자 수익률	연간 19.01%	⑧/⑤ (세 전 수익률)−대출 없이 수익률 10.56%

이 상가는 4억 8,000만 원에 매수한 분도 대출 없이 5.87%의 수익률을 누릴 정도였다. 이런 수익은 상가 아니면 발생하기 어렵다. 좋은 부동산 자리의 상가는 초기에 잘 투자한다면 이처럼 안정적이고 차익도 크게 얻을 수 있는 기회가 온다. 아파트 단지 내 상가 입찰이 종종 나오는데, 이때 부동산 자리에 해당하는 물건을 눈여겨볼 필요가 있다.

POINT 13
상층부 투자는 노출과 엘리베이터 동선이 중요하다!

    소액 투자자 중 상층부 상가 투자를 하는 분도 많이 만나봤다. 사실 상가는 1층 아니면 임대 안정성이 떨어져서 웬만하면 투자하지 않는 게 좋다고 생각한다. 하지만 지역과 물건에 따라 상층부도 매력 있는 투자처가 많이 있다는 것을 새삼 느끼고 있다. 이번 체크 포인트에서는 상층부 투자에서 가장 중요한 부분을 짚어 보고자 한다.

    상층부의 가장 큰 약점은 접근성과 노출이다. 이런 부분으로 인해 상층부 상가는 1층 상가보다 면적당 가격이 평균적으로 1/4~1/5 정도 저렴하다. 그만큼 임대료도 낮아지고 공실 위험도 커진다. 접근성이 낮다는 점 때문에 상가의 간판 및 점포 노출의 방법이 상층부 상가 가치에 결정적 영향을 준다. 이 두 가지 방안에서 자세히 봐야 할 상가의 노출 문제와 동선 문제를 하나씩 다뤄보겠다.

상가의 노출 문제: 어설픈 디자인은 상층 상가를 망친다

서울시 옥외광고물 가이드라인

권역 구분	간판 총 수량	가로형 간판	돌출간판	점멸 방식	권역분류 대상지역
중점 권역	1	3층 이하 (3층 건물 가로폭 1/2 이내)	5층 이하	불가	20m 이상 도로변, 뉴타운·재개발·재건축 지역, 디자인서울 거리 등 예산 지원 시범사업 지역
일반 권역	2	3층 이하 (3층 건물 가로폭 1/2 이내)	5층 이하	불가	20m 미만 도로변의 주거생활 보호를 우선으로 하는 지역
상업 권역	2	3층 이하	5층 이하	심의 허용	20m 미만 도로변의 집단 상업지역
보전 권역	1	2층 이하	5층 이하	불가	문화재 및 녹지의 경관보전이 최우선인 지역, 구청장이 보전이 필요하다고 인정하여 지정한 지역
특화 권역	2	3층 이하	5층 이하	허용	관광 및 상권 활성화 등을 위한 특별지역과 구청장이 필요하다고 인정하여 지정한 지역

서울시의 도시디자인 규정을 보면, 서울시 전체가 3층 이하로만 간판을 달도록 하고 있고 1곳 사업자에서 1개의 간판을 부착할 수 있도록 규정한다. 이렇다 보니 4층 이상의 상가들은 간판 설치가 어렵다. 물론 상가 관리위원회가 잘 구성이 된 경우에는 1~3층 사이에 각 호실의 간판 자리를 배정하여 부착하기도 한다. 하지만 상가 간판 부착을 위해서는 1~3층 소유자들의 동의를 얻어야 하는데, 실제적으

로는 1~3층 입점자가 동의하지 않다 보니 어려운 경우가 많다.

물론 건물의 외벽은 공유공간으로 1~3층 상가 소유자들의 전유 공간은 아니지만 많은 분쟁이 발생하기 마련이다. 그래서 상층부 상가는 다른 노출 방법을 찾는다. 상층부 상가에 들어가는 업종을 보면 통상 많지 않은 임대료로 넓은 공간을 써야만 하는 학원, 병원, 체육시설 등이 입점한다.

이 업종 모두 외부 노출이 중요한 업종들이다. 따라서 간판 및 외부에 노출하는 다양한 방법들이 필요하다. 이때 어설픈 디자인이 이런 상층부 상가를 망치는 경우들이 있다. 대표적인 사례를 아래 사진으로 비교해보자.

디자인 적용 건물 vs 상가 노출을 중시한 건물

사진 왼쪽은 9호선 역 출구 바로 앞 건물이다. 그리고 오른쪽은 마곡지구 중심 상업지구의 대표적 상가 건물이다. 왼쪽 건물은 상층부가 공실률이 높은 상황이지만 오른쪽 건물은 공실 없이 다 운영 중이다.

왼쪽 건물을 보면 알겠지만 상층부의 창이 어설픈 디자인으로 만들어져 노출도가 떨어질 수밖에 없는 구조다. 따라서 이런 건물은 외부적인 손님들이 찾아오는 것이 아닌 내부 직원이 근무하는 사무실 용도 이외에는 활용하기 어렵다.

반면 오른쪽 건물은 전 층을 유리로 마감해 노출에 신경을 쓴 건물이다. 1~3층까지는 간판이 붙어있고, 4층 이상의 병원 등은 간판이 없는 경우가 있다. 이런 경우, 유리 창문에 래핑을 해서 어떤 업종이 들어와 있는지 알 수 있도록 최대한 배려했다. 또한 1~3층 사이에 넓은 면을 차지하는 임점자에게 양해를 받아 6~7층의 병원 간판이 2층에 붙어 있는 경우도 쉽게 볼 수 있었다.

상층부 상가는 어설픈 디자인이 들어가기보다는 전면 유리를 넓게 사용해 가시성을 높여 활용하기 쉽게 하는 것이 중요하다. 초기 투자 시 조감도를 보면 좋은 투자처를 선택할 수 있게 된다. 참고로 오른쪽 건물의 경우 1층의 수익률이 분양가 대비 4%에 머무는 반면 상층부 상가는 5% 이상의 수익률을 얻고 있다.

도시디자인 규정은 시·도 조례에 따라 달리 적용된다.

특정 구역(김포 한강신도시, 장기, 양곡, 마송 택지
개발지구, 양촌 지방산업단지, 토지구획 정리지구)
▶ 가로형 간판
• 1업소 1개 간판 설치
• 1~10층까지 설치
　▷도로폭 25m 이상 문자 크기 60cm 이내
　▷도로폭 25m 미만 문자 크기 50cm 이내
　▷단일용도 건축물의 경우
　　· 연면적 1000m 문자 크기 50cm 이내
　　· 연면적 1000m 문자 크기 80cm 이내
　　· 연면적 2000m 문자 크기 100cm 이내
　　· 연면적 3000m 문자 크기 120cm 이내
• 보조바 및 게시틀 반드시 설치
• 건물 4층 이상의 최상단 3면에 한하여 각
　면에 1개의 건물명 및 회사명, 상호 표시
　가능

김포 한강신도시 옥외 광고물 규정 적용으로 10층까지 간판 부착한 사례

　서울시는 3층까지 간판 부착이 가능하지만 지방자치단체에 따라

서는 다르게 규정될 수 있다. 경기도 김포시의 한강신도시 경우에는

10층까지 부착 가능하다. 상층부 투자 시 간판 문제는 중요하므로,

사전에 지자체 홈페이지 등을 통해 간판 규정을 확인해야 한다. 이런

내용을 잘 본다면 가치가 좋은 틈새 투자 물건을 만날 수 있다.

상층부는 엘리베이터 동선이 중요하다

상층부 상가 접근성에 있어서 가장 중요한 부분은 바로 엘리베이터 동선이다. 엘리베이터 동선이 상가에 어떤 영향을 미치는지 살펴보자. 아래 상가는 실제 임대가 끝난 건물의 도면이다.

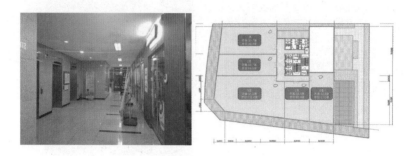

상층부 엘리베이터 앞 상가 예시

상가 외관으로 접근하면 당연히 코너 자리 상가가 좋다. 하지만 임대를 끝내고 실제 영업하는 상황을 보면, 상층부는 왼쪽 사진에서 보는 것과 같이 코너 자리보다 엘리베이터 앞자리가 매출이 잘 나오는 업종으로 채워지는 것을 볼 수 있다. 왜 그럴까? 임차인의 입장에서 생각해보자.

만일 학원이 8층에 같이 있다고 보자. 그리고 밖에서 잘 보이는 코너 자리와 밖에서는 안 보이지만 엘리베이터 앞에 위치한 곳에 각각 있다고 가정하자. 학원을 등록할 생각이었다면 분명 코너 자리 노출된 상가를 보고 엘리베이터를 타고 올라왔을 것이다. 그런데 엘리베이터에서 내려 보니 문 앞에 다른 학원이 있다면 어떻게 선택하게 될까? 물론 실력이나 마케팅 등의 조건이 모두 동등한 상태라면 열이면 열 모두 엘리베이터 앞 학원에 들어가게 된다.

바로 이런 점들이 상가의 가치에 영향을 미친다. 상층 상가 투자 시에는 엘리베이터 앞에서 얼마나 가까운 동선에 있는지가 정말 중요한 요소다.

임대 안정성이 높은
학원

최근 최저임금의 상승 및 주 52시간 근무제의 영향으로 자영업 시장이 갈수록 어려워지고 있다. 그리고 이런 상황 속에서 상가 투자 역시 여의치 않다. 상가 투자에 있어 가장 중요한 요소가 바로 공실 위험 없이 안정적인 월세를 받는 것인데, 그런 점에서 보면 상가의 임대사업은 임대인과 임차인의 공동사업이라고 할 수 있다.

상가 투자를 할 때 임대인이 임차인의 입장에서 더 많이 생각하고 배려를 해야 하는 이유다. 상가의 임대사업은 돈을 투자하고 이자를 받는 단순한 사업이 아니다. 결국 상가를 살리는 것은 임차인이고, 임차인에 의해 상가의 가치가 결정된다는 것을 투자자가 알아야 한다.

이런 특징을 안고 있는 투자 대상인만큼 상가의 입점 업종과 입점 후의 안정성도 매우 중요한 평가 요소다. 그중에서도 1억 원 내외의 소액으로 투자 가능한 상가 업종 중 대표적인 곳이 학원이다. 투자 사례를 통해 학원의 필수 요소와 왜 학원 상가 투자가 괜찮은지를 하나씩 살펴보자.

가장 주목하는 내용 중 하나는 바로 업종별 폐업률이다. 일단 학원은 처음 자리를 잘 잡게 되면 폐업률이 낮다. 초기 원생 모집에 시간이 걸리기는 하지만 어느 정도 안정적인 궤도에 올라오면 꾸준한 매출을 기록한다. 실제 아래 소상공인 분석 시스템에서 창·폐업률 현황을 보면 폐업률이 현저하게 낮다는 걸 알 수 있다.

업종별 창·폐업률 현황

(2017년 하반기)

업종	창업률	폐업률
전체	2.1%	2.5%
관광/여가/오락	1.2%	2.4%
부동산	1.3%	2.4%
생활서비스	1.3%	2.1%
소매	2.4%	2.4%
숙박	0.7%	1.7%
스포츠	0.6%	1.9%
음식	2.8%	3.1%
학문/교육	1.1%	1.5%

출처: 소상공인상권분석시스템, 제공: 상가정보연구소

학원이 들어서는 상층은 단점도 명확하다. 일단 어느 정도 기간이 지나면 매출 상승을 기대하기 어렵다. 따라서 학원은 철저하게 싸게 사서 수익성을 높이는 게 관건이다. 이런 부분을 감안하면 학원 상가의 특징을 몇 가지 예로 들 수 있다.

① 배후 아파트 주거지 5,000세대 이상 확보
② 초·중·고등학교 밀집 지역 내 근린생활 상권
③ 전용 평당 월 임대료 5~7만 원 내외여야 할 것 (학원 매출 대비 높은 임대료는 어렵다)

40대 직장인의 학원 상가 투자 사례

이번에 소개하는 사례는 증축 중인 학원 상가다. 투자자는 40대 직장인으로 대출 없이 집 한 채를 가지고 있었고 현금 1억 원 내외 투자금으로 노후를 대비할 수 있는 물건을 찾고 있었다. 1억 원 내외의 투자금이라면 원래 오피스텔 투자가 맞지만, 과감하게 학원 전문 상가에 투자하게 된 경우다.

상가의 경우, 건물이 완공되고 임차인이 실제 사용할 공간을 본 후에 투자하지만 이 상가의 경우에는 특이하게도 건물이 지어지고 있는 과정에서 전체 호실 중 60% 이상이 임대를 끝냈다. 특히 1~3층까지의 상가들보다 상층 임대가 잘 맞춰졌다는 게 이 상가의 특징이다. 왜 이렇게 임대가 맞춰졌는지 살펴보고 이 상가의 수익률과 업종을 확인하면 소액 투자로써 접근 가능한 학원 상가의 장점을 알 수 있을 것이다.

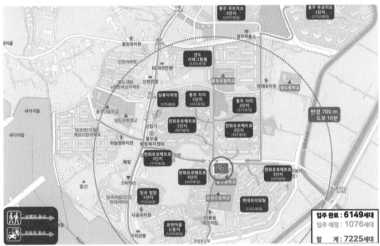

상가 현장 사진 및 상가 위치 지도

상가의 가장 큰 장점을 보면, 중심 상업지구는 아니지만 상가 공급이 제한될 수밖에 없는 곳에 있다는 점이었다. 배후에 아파트 단지가 구성되어 있고 바로 옆에 초등학교와 중학교가 있어서 유해 업종도 들어갈 수 없는 위치였다. 상가 자체의 가치로 보면 학교를 끼고 있는 것이 그다지 유리한 조건은 아니다. 다만 위치만으로 보면 알 수 있듯이 학원 상가의 입지로 이보다 더 좋을 수는 없다.

2019년 1월 준공 예정인 이 학원 상가의 2018년 11월 임차 현황을 보면 아래의 표와 같다.

구분	입점 현황
1층	대기업 슈퍼마켓, 이동 통신 대리점, 부동산 2곳, 정육점, 약국
2층	삼겹살 전문점, 미용실
3층	영어학원, 키즈 카페, 소아청소년과의원
4층	영어학원, 치과, 보습학원
5층	보습학원, 수학학원, 미술학원, 피아노학원
6층	영어학원, 음악학원, 태권도학원
7층	어학원, 다이어트 교실, 어린이 놀이 블록방, 발레학원
8층	축구교실, 교회, 체형교정 관련 업종

입지에 맞게 업종도 학원에 몰려있다. 영어학원의 경우에는 어학원과 보습학원까지 합치면 무려 6곳이다. 업종이 겹치면 대부분의 임차인은 매출을 나누는 상황이 되지 않을까 우려하지만, 실제 사례에서 보면 오히려 몰려있을 때 더 잘되는 경우가 많다. 인근 주민들도 학원이 많이 입점한 상황을 반기기도 한다. 고층 건물의 학원 상가는 투자자에게 저가라는 가장 큰 장점을 안겨준다. 이 상가 역시 저가라는 메리트가 강했다. 아래의 수익률로 판단해보자.

5층 수학학원 투자 수익률

임대 수익 구성요소	금액(대출 有)-507호	비고(VAT 별도가 계산)
① 매입가격	250,000,000	507호(분양면적: 47.53평, 전용면적: 26.52평) VAT 19,250,000
② 임대보증금(-)	(15,000,000)	현재 임대 계약 완료(수학학원 입점 확정) -1,500/125만 원
③ 금융대출(-)	(130,000,000)	50% 대출 가능금액 적용
④ 취득제세금 (1.1%, 2.7%, 4.5%)	11,500,000	상가 등 주택 이외 -4.6%
⑤ 실 투자 금액	116,500,000	①-②-③+④
⑥ 연 임대료 수입	15,000,000	월 임대료 1,500만 원×125만 원
⑦ 연 금융비용	(4,550,000)	③×3.5%
⑧ 연 순수익 총액	10,450,000	⑥-⑦
⑨ 투자 수익률	연간 8.97%	⑧/⑤ (소득세 전 수익률)

5층 수학학원에 투자한 수익률 사례다. 전용면적 25평의 상가지만, 2억 5,000만 원으로 전용 평단가가 1,000만 원이 채 되지 않았다. 분양은 2억 5,000만 원에 받고, 임대는 보증금 1,500만 원, 월세 125만 원으로 세입자를 들일 수 있었다. 이렇게 되면 대출 없이 연수익률 6.38%를 기대할 수 있으며, 대출을 감안한다 했을 땐 거의 9%의 수익률에 육박한다. 물론 이 상가는 2년 계약이므로 2년 후 재계약이 가능하고, 상가건물 임대차보호법상으로 보면 갱신 시기에 어느 정도 인상이 가능한 상황이다.

이 상가는 감정가도 높게 나왔다. 최근 결정된 것이 임대료 등을 감안한 RTI^{Rent To Interest ratio}(임대사업자 이자상환비율)를 적용하더라도 임대료가 충분히 높게 반영이 되어 분양가의 60%까지 대출받을 수 있었다. 하지만 투자자 역시 그렇게 많은 대출은 필요하지 않아 50% 정도만 대출을 실행했고, 2019년 1월 이후부터 임대료가 발생하게 된다.

취득세까지 포함하여 1억 1,700만 원의 금액을 예치하고 월 125만 원 중 이자 비용 38만 원을 차감하면, 매월 87만 원을 받게 되는 투자 상품이다. 충분히 매력적이라고 본다. 그리고 이후 학원이 잘 운영되는 경우, 금리가 낮은 현 시장 상황에서는 충분히 5%대 수익률로 역산한 매매가로 산정할 수 있어 매매차익까지 볼 수 있을 거라 판단된 곳이다. 40대 이후의 직장인은 부동산 투자로 주택만 보지 말고 조금이라도 빨리 상가 투자로 눈을 돌리고 미래를 준비해야 한다.

POINT 15

10년 이상, 안정적인 은행과 대기업

임대 수익형 부동산을 취급하면서 은행 본사 채널기획팀과 협의하고 일을 진행한 적이 있다. 은행은 임차 조건이 상당히 까다롭고 맞추기도 어렵다. 그리고 계약 과정에서도 상당히 오랜 시간 협의와 절차가 필요하다. 하지만 까다로운 만큼 한 번 입점하게 되면 장기간 계약이 지속된다. 따라서 은행 상가를 가지면 많은 장점이 있다.

일단 임차인이 월세를 밀리거나 하는 대손의 위험이 없다. 그리고 두 번째는 은행들은 장기 계약을 맺는 대신에 입주 시 매년 일정 수준의 임대료를 올리는 에스컬레이션 조항escalation clause을 넣고 들어온다. 일정 수준의 임대료 인상을 보전해주는 경우들이 대부분이다. 통상 물가상승률 정도로 보존해주고 있으며, 최근 계약되는 현황을 보면 1년 2% 내외로 인상한다.

　은행이나 증권사 및 보험사와 같은 금융회사 지점이 들어가는 상가의 경우라면 큰 무리가 없는 한 투자해도 다른 상가들보다 안정성 측면에서는 좋다고 할 수 있다. 일단 까다로운 조건에서 선정된 건물이기도 하며, 선정 전에 수개월에 걸쳐 검증을 마쳤다는 것을 의미한다. 또한 금융기관들은 일단 입점을 하면, 금고부터 다양한 시설 및 인테리어 투자가 상당해 쉽게 나가지도 않는다. 물론 이런 장점이 많은 상가인 만큼 매물로 잘 나오지 않는다는 특징이 있다.

은행 및 금융회사 상가의 조건

① 전용 100평 이상의 대로변 상가

② 역세권 및 지역 거점 역할을 하는 B급 이상의 상권

③ A급 상권: 2층 100평, 1층 15평 정도의 ATM기 자리 / B급 상권: 1층 100평

④ 주차는 최소 10대 이상 가능한 곳

역세권 대로변 오피스텔, 2층에 은행 2곳, 증권사 1곳이 입점

사진 속 오피스텔 2층에는 은행 2곳과 증권사 1곳이 입점해 있다. 이 건물은 역세권 대로변에 있으면서 오피스텔 상가이다 보니 주차도 800대로 여유가 있다. 오피스텔 특성상 낮에는 차량이 없고 밤에 들어오니, 주차 공간의 여유가 많이 큰 편이다. 은행이나 증권사 입장에서는 역세권에 있으면서 주차가 충분한 이 건물 입점이 유리하게 작용했다. 4개 이상의 구분 상가를 터서 100평 이상의 호실을 갖춘 후 은행 및 증권사가 입점한 경우다.

금융회사 상가 투자 사례

아래 사례는 은행은 아니지만 보험회사와 임대 계약한 투자 사례다. 보험회사는 은행과 달리 주로 1, 2층이 아닌 상층부의 사무용 건물로 입점한다. 보험회사라고 하더라도 지점 개설 시에는 많은 내부 결제 과정과 입지를 따진 후 선정을 하고 본사와 계약을 통해 임대료를 받는 물건이므로 은행과 크게 다르지 않다.

전용면적 100평 이상의 면적을 요구하는데 입지 선정 역시 은행과 유사하게 대로 접근성이 좋아야 하고 가시성도 확보되어야 한다. 또한 은행보다 지점 수가 많지 않아 거의 모든 지점이 역세권에 위치한 경우가 많고 입지 면에서 보면 은행보다 더 까다롭게 보는 경향이 있다. 다만 이런 검증을 거친 물건이라면 비록 상층부 상가나 사무용 건물이라도 투자자에게 안정적인 투자 물건이 될 수 있다.

아래 물건 내용은 2018년 11월 투자 컨설팅한 물건이다. 어떤 투자 포인트가 있었는지 살펴보자.

하남 미사에 있는 건물로, 완공되면서 보험회사 임대가 맞춰졌다. 미사지구는 약 3만 8,000세대의 배후 주거지역으로 5호선 미사역이 2020년 개통 예정되어있어 교통 호재가 기대되는 신도시다. 게다가 중심 상업지역이 넓게 퍼져있고 서울 강동권 및 동남지역 최대 상업지역으로 예상되어 각 금융기관이 선점하는 지역 중 한 곳이다. 그중 이 건물은 입지적으로도 금융기관이 들어오기에 최적의 조건을 갖추었다.

우선 대로변 코너에 있으며 가시성이 너무 좋았다. 건물 사진을 보면 알 수 있듯이 대로 맞은편으로 주거단지가 있고 유효 고객들의 동선에 있어서 접근성이 좋다는 장점이 있었다. 그리고 보험회사 직원의 출퇴근 문제도 5호선 미사역이 개통되는 시점에 해결될 것이다. 미사역 도보 3분 거리에 위치한 초역세권 건물이라는 장점 때문이다. 그리고 이 건물은 1~5층까지 상가, 6~8층은 사무실, 9~11층은 주거용 오피스텔로 구성되어 있어 상업 및 업무, 주거까지 복합적으로 맞춰진 건물이었고 70대의 주차공간을 확보했다.

이러한 건물의 특성으로 인해, 같은 건물 1층에는 약국과 통신사 대리점, 식당 등 근린생활 시설이 입점했고, 2층에는 은행 및 식당, 3~5층까지는 병원이 입점했다. 그리고 현재 7층과 8층에는 생명보험회사 한 곳과 손해보험회사 한 곳이 선점하여 지점이 개설된 상황이다. 게다가 추가로 지점을 늘리려는 회사들과도 임대차 계약이 준비 중이었다. 실제 컨설팅을 한 고객의 경우, 손해보험회사 임대가 확정된 이후에 투자를 결심했다. 이 건물의 5개 호실을 활용하여 110평 공간에 임차가 들어왔으며, 그중 1개 호실에 투자하게 된 분이다. 그럼 이 건물 투자 수익률은 어떨까.

금융회사 상가 투자 수익률

임대 수익 구성요소	상가 수익률	비고
① 매입가격	451,000,000	원 분양가: 468,000,000원(분양면적: 55.09평/전용면적: 28.08평) (분양평단가: 8,186,603원/전용 평단가: 16,061,253원) −VAT: 21,648,000
② 임대보증금(−)	(10,000,000)	임대기간 3년, 보증금 10,000,000 / 월세: 2,150,000(VAT 별도) (현대해상 임대) 임대 계약상 3년이지만, 교육시설과 기타 인테리어 등으로 4억 원 이상 집행되는 사무실로 최소 5~10년 내에는 이전하는 게 어려운 조건임
③ 금융대출(−)	(250,000,000)	60% 대출 가능하지만 2억 5천만 원 대출 금액 적용 (금리 3.5% 적용)
④ 취득제세금 (1.1%, 2.7%, 4.5%)	20,746,000	상가 등 주택 이외 −4.6%
⑤ 실 투자 금액	211,746,000	①−②−③−④+⑤

⑥ 연 임대료 수입	25,800,000	월 임대료×12개월
⑦ 연 금융비용	(8,750,000)	③×3.5%
⑧ 연 순수익 총액	17,050,000	⑥-⑦
⑨ 투자 수익률	연간 8.05%	⑧/⑤ (소득세 전 수익률)

임대를 잘 맞춰놓은 덕분에, 대출을 받지 않더라도 6% 가까운 수익률을 기대할 수 있게 되었다. 결과적으로는 이런 물건이지만, 어떤 분은 8층이라서 투자를 꺼려했고 어떤 분은 보험회사가 나갈 경우 공실이 우려된다는 이유로 투자를 망설였다. 물론 그런 위험이 아예 존재하지 않는 것은 아니다. 다만 투자는 다르게 생각해야 한다.

투자 경험이 있는 사람은 확실히 물건의 가치를 볼 줄 안다. 이렇게 금융회사가 맞춰진 건물은 이미 대기업 금융회사의 본사에서 입지를 인정했다고 봐도 된다. 또한 금융회사는 한 번 들어오면 3년 지났다고 나가지 않고 대부분 재계약을 한다. 시설비가 많이 들어간 상황에서 어떤 금융회사가 3년 만에 나오겠는가? 너무 많은 우려와 신중함은 기회를 놓치게 만든다는 점도 생각해볼 일이다.

POINT 16
거리 제한으로 뜰 수 있는
편의점 투자

최근 최저임금의 인상으로 가장 힘든 업종 중 하나가 편의점이다. 편의점의 운영방식을 보면 한 점주가 다수의 점포를 운영하는 경우가 많다. 통상 한 점포당 3명 정도의 아르바이트 인원을 두고 여러 개의 점포를 운영하는데, 최저임금 상승은 편의점 수익에 직접 영향을 줄 수밖에 없다.

편의점 매출 및 수익 구조가 절대적인 건 아니지만, 편의점 매출에서 인건비가 차지하는 부분을 고스란히 살펴볼 수 있다. 참고로 다음 표는 최저임금 반영 전 인건비를 반영한, 어떤 점포의 수익구조를 파악한 내용이다. 앞으로 여기에서 월 100만 원 정도가 인건비로 더 나간다고 봐야 한다.

편의점 점포 수익구조 계산 예시

수익		비용	
월 매출	45,000,000	월 임대료	3,000,000
원가율(70%)	(31,500,000)	인건비 (3인)	4,500,000
이익금	13,500,000	기타 관리비	1,500,000
점주 마진(이익금 80%)	10,800,000	점주 순이익	1,800,000

정확하게 모두 반영한 것은 아니다. 담배 매출의 비중에 따라 마진율이 다를 것이고 인건비의 비중 및 월 임대료의 비중에 따라 또 다를 것이다. 하지만 예시한 점포는 일 매출이 150만 원 이상 나오는 점포로, 어느 정도 매출이 잘 나오는 편이다. 편의점 중에서 매출이 안정적으로 잘 나오는 곳이 오피스텔 1층 상가에 있는 곳이고 실제 300세대 오피스텔의 1층 독점 편의점에서 나온 매출을 기준으로 한 예시다. 즉 이 편의점은 다른 곳에 비해 나은 상황임에도 불구하고, 점주의 순이익이 월 180만 원 정도다. 물론 이마저도 최근 최저임금의 상승으로 줄어들게 되었다.

이런 상황이 되다 보니 최근 공정거래위원회에서는 편의점 업계의 어려움과 자영업자의 상생을 위해 자율규약안을 만든다고 한다. 주요 내용을 살펴보면 이렇다. 기존에는 업체 내에서 출점 거리 제한이 있었지만, 다른 브랜드 간에는 없었다. 하지만 이제는 다른 브랜드 간에도 100m 이상의 출점 거리를 둔다고 한다. 이 부분은 상가 투자자에게는 주목해야 할 사안이다. 일단 편의점으로 지정된 상가는 출점 제한으로 가치가 올라간다. 따라서 지금 편의점이 들어와 있는 상가는 매출이 안정적으로 유지될 가능성이 커진다. 그렇다면 편의점 상가에서는 어떤 투자 포인트를 봐야 하는지 하나씩 살펴보자.

편의점 상가 고르는 법

① 오피스텔 200세대는 아파트 1,000세대보다 매출이 높다.

② 초등학교 앞은 매출 상승의 포인트가 된다.

③ 오피스텔 및 아파트의 주 출입구 위치가 중요하다.

④ 야외 테이블 등을 놓을 수 있는 장소가 중요하다.

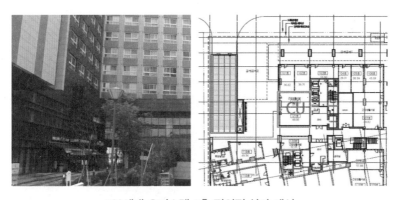

500세대 오피스텔 1층 편의점 상가 예시

사진의 편의점을 보면 입지가 전면이 아닌 후면이다. 상가 자체의 가치를 보면 노출도가 떨어진다. 하지만 도면을 자세히 보면 편의점 상가로는 최상의 입지다. 일단 오피스텔의 출입구를 안고 있는 호실이다. 그리고 500세대 건물에서 담배판매권을 확보하게 되고 앞의 공개공지 공간에는 야외테이블 설치가 가능해 주민 편의시설로 활용하다 보니, 하루 매출이 300만 원 이상 나오는 매장이 되었다. 지금은 편의점이 어렵지만, 실제 상가 투자자로서 현재 편의점이 있는 곳을 소유한다면 출점 제한으로 인해 가치가 커질 수 있을 거라 예상한다.

POINT 17

주차용지 상가의
좋은 경우와 나쁜 경우

신도시에 가보면 주차용지를 볼 수 있다. 도시 계획을 하다 보면 업무시설과 상업 시설이 들어갈 경우 주차시설 부족과 마주하게 된다. 예를 들어 상가가 들어설 상가 $100m^2$ 당 1대의 주차 공간만 만들면 되는 기준이 있다 보니, 상업지역의 경우 주차가 부족한 경우가 꽤 많다. 주차 공간의 부족을 메꾸기 위해서 용지별로 주차용지를 두고 공급하곤 하는데 이런 주차용지 상가들은 장점이 많고, 미래 가치로도 좋은 곳이 많지만 주의할 점도 있다. 사례를 통해 또 하나의 틈새 투자 대상인 주차 상가에 대해서 알아보자.

일산신도시 양우이스턴시티 주차타워 상가와 마곡지구 GMG 주차타워 상가

신도시 내 주차용지는 건축허가를 받을 때 전체면적의 70%를 주차장으로 하고, 30% 이내에서 다른 용도로 사용이 가능하도록 되어 있다. 이 30%를 상가로 활용되게 되면 사진처럼 이용할 수 있게 된다. 상권 조사를 하다 보면 주차용지는 늘 주차가 부족한 상업지구에서 접근이 용이한 곳에 만들어진다.

실제 상권이 완성된 주차용지의 사례를 보자. 왼쪽의 일산 신도시 주차타워 상가의 경우에는 일산에서 최고 상권인 웨스턴돔 상권 중심에 있다. 그리고 실제 이 건물의 1층 커피숍은 높은 권리금과 임대료로 유명한 상가이기도 하다. 이곳 주변은 이미 주차난으로 어려움을 겪었던 터라, 이곳에서 주차료가 발생하더라도 임차인은 주차가 가능하다는 것만으로도 이 상가를 선호한다. 결국 그런 장점이 임대료로 연결된다.

하지만 신도시 초기에는 이런 주차 상가가 오히려 단점이 되기도 한다. 보통 주차 상가는 상가 공급 시 주차면적이 분양자에게 돌아가지 않는 경우가 많다. 보통 시행사가 주차장을 소유해 주차 수익을 올리고 상가를 분양해서 이익을 보는 방식이다. 여기서 간혹 분쟁이 발생할 수 있다.

상권이 완성된 이후에는 이런 상가의 인기가 높다. 하지만 상권이 완성되지 않은 초기에는 다른 건물의 주차 공간이 남기 마련이다. 다른 곳은 무료 주차가 가능하나, 이런 건물들은 오히려 주차비를 받는 방식으로 운영되니 인기가 없을 수밖에 없다. 이런 경우에는 분양계약 당시 분양주가 '시행사에서 주차장 운영 시 주차비는 인근 건물의 주차비 시세에 따르기로 한다'라는 특약 문구를 반드시 요구하는 게 중요하다.

한편 주차 상가 중 자세히 보면 다음 사진과 같은 건물도 있다. 실제 고객 컨설팅을 통해 계약된 상가다. 분양 때부터 시행사에는 서비스 면적으로 주차장을 분양주에게 제공했다. 이런 경우, 상가 소유주들은 기본적으로 상가의 임대료뿐만 아니라, 주차장이 부족한 인근의 건물 입주자들에게 주차장을 대여해주고 주차 수익까지 추가로 남길 수 있다. 주차 상가에 투자할 때는 이런 점까지 고려하면 좋다.

| 호수 | 전용면적 | | 분양면적 | | 서비스면적 | | | | 대지지분 | | 평 단 가 | | 분양가 |
					2층주차장		3층주차장				55%적용	분양면적(평)	
	㎡	평	㎡	평	㎡	평	㎡	평	㎡	평			
101	37.83	11.44	52.81	12.64	53.84	16.29	50.69	15.33	65.59	19.84	23,992,000	20.81	499,200,000
102	37.83	11.44	52.81	12.64	53.84	16.29	50.69	15.33	65.59	19.84	23,992,000	20.81	499,200,000
103	37.83	11.44	52.81	12.64	53.84	16.29	50.69	15.33	65.59	19.84	24,569,000	20.81	511,200,000
104	27.82	8.42	38.83	9.30	39.59	11.98	37.28	11.28	48.23	14.59	30,586,000	15.30	468,000,000
105	28.00	8.47	39.08	9.36	39.86	12.06	37.53	11.35	48.55	14.69	26,337,000	15.40	405,600,000
106	28.00	8.47	39.08	9.36	39.86	12.06	37.53	11.35	48.55	14.69	26,337,000	15.40	405,600,000
107	28.00	8.47	39.08	9.36	39.86	12.06	37.53	11.35	48.55	14.69	26,337,000	15.40	405,600,000
108	28.00	8.47	39.08	9.36	39.86	12.06	37.53	11.35	48.55	14.69	26,337,000	15.40	405,600,000
109	32.72	9.90	45.67	10.94	46.56	14.08	43.85	13.26	56.72	17.16	31,140,000	18.00	500,400,000
110	42.12	12.74	58.79	14.08	59.96	18.14	56.45	17.08	73.02	22.09	27,557,000	23.17	638,400,000
111	42.12	12.74	58.79	14.08	59.96	18.14	56.45	17.08	73.02	22.09	26,987,000	23.17	625,200,000
112	42.12	12.74	58.79	14.08	59.96	18.14	56.45	17.08	73.02	22.09	26,987,000	23.17	625,200,000
113	42.12	12.74	58.79	14.08	59.96	18.14	56.45	17.08	73.02	22.09	26,366,000	23.17	610,800,000

주차장을 서비스로 주는 주차타워 예시

POINT 18

상가 세금은
투자 전에 알아두자

상가 투자를 하게 되면 피하지 못하는 게 바로 세금이다. 상가나 일반 부동산은 모두 취득 시, 보유 시, 양도 시 이렇게 세 단계로 나눠서 세금이 발생한다. 상가는 주택과 다르다. 세금을 피할 방법이 없다. 또한 주택처럼 징벌적인 중과세도 없이 모두 일반과세를 받게 된다. 세금에 대해 잘 알고 준비할 수 있도록 단계별로 발생하는 세금과 그 절차를 살펴보자.

상가 취득 시 발생하는 세금: 부가가치세, 취득세

상가 투자를 하게 되면 가장 낯선 세금이 부가가치세다. 부가가치세Value Added Tax란, 물품이나 용역이 생산, 제공, 유통되는 모든 단계에서 매출금액 전액에 대해 과세하지 않고 기업이 부가하는 가치, 즉 마진에 과세하는 세금이다. 일단 상가 분양 시행사에서 제공하는 부가가치는 건물이다. 만약 상가를 2억 원에 분양받았는데 그중 1억 원이 토지가격이면 나머지 건물 공급업자의 부가가치에 해당하는 1억 원에 대한 10%의 부가가치세 1,000만 원을 내야 한다.

그리고 임대사업자는 향후 임대사업을 영위하며 부가가치세가 부과되므로, 최초 건물분에 대한 부가가치세를 환급받게 된다. 즉 상가를 분양받게 되면 분양계약서를 받고 바로 부가가치세 환급을 위해 임대사업자 등록을 해야 한다. 그리고 사업자 등록증을 다시 시행사로 제출하면 곧바로 사업자 등록번호로 세금계산서가 발행된다. 세금계산서를 신고하고 세무서에서 환급 절차를 따르면 부가가치세 환급을 받을 수 있다. 많은 분이 이 절차를 이해하지 못하고 놓치는 경우가 종종 있다. 반드시 챙기고 환급받아야 할 세금이다.

두 번째로 발생하는 세금은 상가 잔금 후 등기 시에 발생하는 취득세다. 상가는 취득세 4.6%(농어촌특별세 포함)가 발생한다. 이때 취득세 산정기준은 부가가치세를 제외한 금액의 4.6%다. 위 사례처럼 건물 1억 원 + 토지 1억 원 + 부가가치세 1,000만 원인 경우에는 920만 원(2억 원×4.6%)의 취득세가 부과되는 것이다.

상가 보유 시 발생하는 세금: 재산세, 임대소득세, 부가가치세

상가를 보유하게 되면 매년 주택과 동일하게 재산세와 종합부동산세가 부과된다. 다만 상가의 경우에는 주택이 아니므로 종합부동산세는 거의 무시해도 된다. 일단 과세표준 80억 원 초과를 해야 종합부동산세에 해당하므로 크게 문제 되지 않는다. 재산세도 시가 표준액을 기준으로 매년 6월 1일 부과해서 자동으로 고지서가 날아오니, 크게 신경 쓸 일이 없다.

다만 부가가치세는 다르다. 그동안 해보지 않았던 세금계산서를 발행하고 부가가치세 신고와 납부를 해야 한다. 이런 절차들이 쉽게 다가오지 않지만, 요즘은 인터넷 홈택스를 통해 개인 처리가 가능하다. 처음 그 절차가 어려울 수 있지만, 한 번 익혀 두면 크게 어려운 일은 아니니 반드시 누락시키지 말고 신고, 납부하면 된다.

보유 중 발생하는 세금 중 가장 중요한 세금은 바로 임대소득세다. 상가 임대소득은 주택의 임대소득과 달리 임차인과 임대인이 정확하게 세금계산서를 발행하면서 모든 소득이 드러난다. 이는 숨길 수 없다. 즉 모든 세금이 정확하게 매겨지고 다음 해에 다른 소득이 있으면 이 소득과 합산해서 소득세가 부과된다. 종합소득세 신고 시 임대소득에 대해 신고해야 하며, 큰 소득이 아니라면 어렵지 않게 홈택스에서 신고하고 납부서를 받을 수 있다.

상가 매도나 폐업 시 발생하는 세금: 양도소득세

상가의 양도소득세는 주택처럼 복잡하지 않다. 1주택 비과세 조항도 없고 다주택 중과세 조항도 없다. 따라서 일반 소득세와 동일하게 양도차익에 대해 6~40%의 세금이 부과된다. 다만 2년 이내 매도 시 40% 단일 과세가 적용될 수 있고, 3년 이후 장기보유특별공제가 적용되는 점도 유의해야 한다. 그리고 상가를 폐업하는 경우에도 내가 받았던 부가가치세 신고와 납부는 해야 한다.

상가 관련 세금의 정리

절차	내용
취득 시	부가가치세: 건물분의 10% 취득세: 취득가액 4.6%(부가가치세 제외, 농어촌특별세 포함) 세금계산서: 시행사 및 매도인으로부터 받은 후 부가가치세 환급 업무 진행 사업자 등록: 매매 또는 분양 후 20일 이내에 등록
보유 중	재산세: 매년 6월 1일 기준으로 부과 종합부동산세: 과세 표준 80억 이상일 때 부과 부가가치세: 임대료에 대해 분기별 부과 임대소득세: 매년 5월 전년도 소득세 신고 후 부과
양도 시	양도소득세: 양도일이 속하는 달의 말일부터 2개월 내 신고 납부 (양도소득세는 비과세 특례 없이 전액 일반과세 적용)
폐업 시	상가 양도 후 임대사업 폐업 시 폐업 속한 달 말일부터 25일 이내 부가가치세 신고 납부

POINT 19

상가 투자 시

피해야 하는 조건

    같은 건물의 상가를 보더라도 이상하게 임대가 안 나가는 곳이 있다. 상가 투자에 있어서 가장 큰 위험은 공실이다. 물론 시장 상황이 좋지 않고, 주변의 배후가 성립되지 않아 안타까운 공실이 발생하는 경우는 어쩔 수 없다. 하지만 상가 투자 공부를 하게 된 이상, 구조나 물리적으로 공실이 생기는 상황만은 피해야 한다.

    하지만 분명 입지도 좋고 건물의 배후 인구도 다르지 않지만 희한하게 임대가 나가지 않는 상가들이 있다. 그 이유와 주의해야 할 몇 가지 사례를 소개하고자 한다.

아무리 싸도 노출 안 되는 내부 상가 투자는 절대 금지

같은 1층인데 평단가가 저렴해, 괜찮아 보이는 상가가 있을 수 있다. 특히 분양상가는 상가를 실제로 보지 못한 채 도면만으로 판단하고 투자에 나서다 보니 큰 실수를 하는 경우가 생기기 마련이다.

실패 사례를 한번 보자. 아래 상가는 지하철 9호선과 연결된 곳으로, 1,400세대 오피스텔의 1층 상가다. 지하철과 바로 연결되어 있고 배후 인구도 훌륭하다. 그런데 1번 상가와 2번 상가의 분양가는 꽤 크게 차이가 났다.

① 전용면적 10.83평, 790,000,000원 (전용평단가 72,945,521원)

② 전용면적 6.51평, 320,000,000원 (전용평단가 49,155,145원)

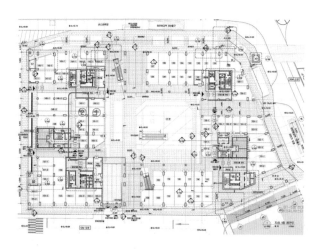

내부 상가 도면

이런 가격 차이는 도면만으로는 확실하게 알지 못한다. 그래서 성급하게 투자 금액이 적다는 사실에 매력을 느끼고 나중에 프리미엄도 받을 수 있다는 상상만으로 투자에 나서곤 한다. 실제 다음 사진은 ②번 상가다. 분양 당시 1층 상가치고는 저렴하다고 생각해 초기에 분양이 되었고 실제로도 프리미엄이 발생해 매매되기도 했다.

내부 상가 실제 사진

내부 상가는 외부에서 어떤 업종이 있는지 알 수 없다. 위 사진을 보면 알 수 있듯이 복도의 폭이 좁은, 유동인구도 없는 건물 내의 6.5평짜리 작은 공간이었다. 그러다 보니 ①번 상가의 경우에는 오피스텔 출입구를 점하고 외부에 노출되어 깔끔한 간판을 걸 수가 있어 일찌감치 임대가 나갔지만, ②번 상가의 경우에는 낮은 금액임에도 불구하고 임대되지 않고 있다.

이런 상가는 앞쪽 ①번 상가에서 벽을 터서 공간을 넓게 쓰는 식당이나 프랜차이즈 업종이 들어왔다면 면적대비 수익률이 좋았을 수도 있다. 하지만 만약 ①번과 합쳐지지 않고 지금처럼 분리된 상태라면 그 가치를 잃게 된다. 초기에 MD를 잘 구성했다면 이 상가는 오히려 수익이 높았을 수도 있다. 하지만 앞의 상가에 의존해야 하는 이런 구조의 상가는 최악의 상황을 가정하고, 아무리 저렴하다 하더라도 투자에 나서서는 안 된다.

과도한 기둥이 있는 상가는 피하는 게 상책이다

상가 임대 계약을 진행하다 보면 임대인과 임차인의 상황에서 마주하는 게 또 하나있다. 바로 기둥이다. 상가의 위치가 좋으면 무조건 상가의 임대가 잘 나갈 거라 생각하지만, 임차를 맞추다 보면 아주 작은 부분으로 망설이곤 한다. 바로 그 대표적인 사례가 기둥이라 할 수 있다. 모든 건물에 기둥이 없을 수는 없다. 기둥을 잘 배치하면 공간 활용도 및 인테리어 효과가 되면서 크게 문제 되지 않는 경우가 대부분이다.

그러나 간혹 기둥 문제가 있는 상가가 생긴다. 특히 오피스텔 및 주상복합으로 이뤄진 건물에서 자주 발생하곤 한다. 일단 주상복합 및 오피스텔은 상가를 중심으로 설계하는 게 아니라, 위의 오피스텔과 아파트를 중심으로 하중 설계를 하다 보니 상가의 정 중앙에 기둥이 자리 잡는다든지, 아니면 공간을 많이 차지하는 대형 기둥이 있는 문제가 생긴다. 물론 선분양이 아닌 이상 눈으로 보고 사게 되니 크게 문제 되지 않는다. 하지만 도면만을 보고 분양받는 상가의 경우는 크게 문제 될 수 있다.

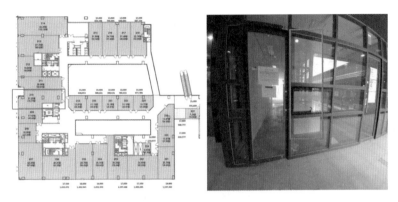

기둥이 과도한 상가 예시

그림의 상가는 도면만으로 기둥이 세 개가 보이지만 이렇다 하게 눈에 띄지 않다. 그리고 바로 옆 호실보다 평단가가 10% 정도 저렴하고 외부 시인성도 좋아서 당시에는 쉽게 분양되었다. 하지만 준공 후 건물을 본 후에는 임대가 잘 되지 않았고, 결국 계약자는 소송을 통해 계약까지 포기했다.

그런데 이 상가는 최근 분양과 임대가 완료되었다. 바로 옆 호실 소유주가 계약금 포기와 할인된 가격으로 이 상가를 인수했고, 두 호실을 합해서 1군 프랜차이즈 커피숍으로 운영 중이다. 어찌 되었든 결과는 좋지만, 만일 개별 호실로 고민한다면 이런 기둥 많은 상가 투자는 조심해야 한다.

2층 이상 상가, 동선이 복잡한 상가는 피하자

다음 사진은 지나다니며 볼 때마다 상당히 오랜 기간 공실로 있었던 곳이다. 사진을 보면 알 수 있지만 대로변의 노출도도 상당히 좋고 역 출구 바로 앞 건물에 위치해서 공실이 쉽지 않아 보였다.

대로변 동선이 아쉬운 2층 상가 사례

오랜 기간 공실로 남아 있었지만 최종적으로는, 상대적으로 임대료가 저렴한 사무실로 임대를 맞추게 되었다. 그렇게 된 이유는 건물 안을 보면 바로 알 수 있다. 일단 이 건물은 2층으로 올라가기 위한 출입구를 찾기 참 어려웠다. 그 이유는 도면으로 보자.

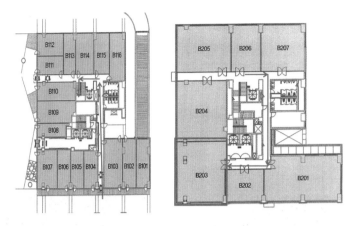

해당 건물 1층, 2층 도면 및 동선

이 건물은 1층 출입구가 너무 좁았다. 1.2m 폭으로 출입문 찾기도 어려웠다. 출입문을 찾더라도 1층 상가를 거쳐 2층 상가로 올라가는 동선 또한 꽤 복잡했다. 그리고 만약 2층에서 203호를 찾아가려면 위의 화살표처럼 돌아서 가는 형태로, 미로와 같았다.

이 건물 초기부터 치과 등 임차 문의가 많았지만 임차 예상자들이 상가를 찾아가 보는 순간 모두 포기했다. 손님들이 어떻게 찾아올 수 있느냐는 푸념과 왜 이렇게 설계했는지 모르겠다고 말했다. 이런 걸 보면 선분양 때 상가를 제대로 알기가 참 어렵다는 생각이 앞선다. 나 역시 상가 분양을 할 때 도면을 꼼꼼히 본다. 그리고 어려운 만큼 기회는 있다. 이런 내용을 잘 알아보고 투자를 하면 흙 속의 진주를 찾을 수 있다.

보행자 도로 폭 3m 이하의 상가는 피하자

상가의 가치는 사람들의 동선과 밀접하다. 특히 사람이 머무는 자리가 중요하다. 하지만 보행자 도로 폭이 좁다면, 사람들이 머물지 못하고 흘러가게 된다. 자연스럽게 상가 임차인 영업이 제대로 되기 어렵다.

보행자 도로 폭이 좁은 상가 사례

왼쪽 상가는 지하철 2, 9호선 환승역 바로 앞, 게다가 버스 정류장 옆에 있는 상가다. 이 상가를 벗어나면 10m 폭의 보행자 도로가 있는 상가가 나온다. 위치적으로 본다면 도로 폭 3m 이내의 이 상가들이 훨씬 좋다. 하지만 임대료는 거의 3배 이상 차이가 난다. 옆 건물에는 1군 프랜차이즈의 커피숍으로, 전용평단 30만 원 이상 받는 업종들이 들어와 있지만 왼쪽 사진의 건물에는 임대료가 낮은 업종들로 이뤄져 있다. 바로 보행자 도로가 좁다 보니 사람들이 머물지 못하고 흐르는 이유 때문이다.

오른쪽 상가도 마찬가지다. 우측 상가 전면에는 1군 프랜차이즈 빵집이 있지만 좁은 보행자 도로 편에는, 바로 옆에 있음에도 좋은 업종이 없다. 그 바로 옆 건물의 경우에는 상가가 비어 있기도 하다. 이 건물 역시 9호선 역세권에 있는 건물로 보행자 도로 폭으로 상권이 살아나지 못하는 대표적인 예다.

POINT 20
나만의 체크 리스트를 만들어라

상가 투자의 여러 사례를 살펴보았다. 내가 말하고자 하는 상가 투자의 핵심은 현장을 많이 보고 나만의 중심을 가지라는 것이다. 물론 나도 아직 많은 경험을 했다고는 할 수 없다. 하지만 상가 및 수익형 부동산 컨설팅을 하는 입장에서 다양한 간접 경험과 현장 경험을 갖다 보니 조금씩 투자의 중심 가치를 보는 안목이 만들어졌다. 여전히 상가는 어렵지만 나만의 투자 원칙이 있다면 충분히 다른 투자에 비해 승산이 있다.

나만의 투자 원칙을 만드는 방법으로 체크 리스트를 권한다. 다음은 실제 상가 투자에 나서기 전에 작성했던 체크 리스트다.

상가 투자 체크 리스트

항목	평점(10점 만점)	평가 이유
배후 수요 적절성	7/10	아파트 단지 배후 250세대로 단점
추정 임대료 대비 가격 적합성	10/10	전용 평당 임대료 20만 원 추산/전용 평단가 4,000만 원 (6% 수익률)
건물 구조(기둥 유무 및 전면 폭)	10/10	전면 폭 4.5m, 내부 기둥 없음, 확장 면적 2평 있음
노출도 및 위치	8/10	코너에 위치했지만 꺾인 부분이라 약간 좁아 보이는 느낌
상권 확장 가능성	10/10	추후 12블록 오피스 입주와 14단지 60% 인구 동선 상 위치
총평		본 상가는 단순 배후로만 본다면 선택하면 안 되는 상가지만, 16m 도로 건너편으로 오피스 입주 예정이며, 14단지 내 상가 위치 고려 시 단지 인구 60% 이상은 본 상가를 이용할 것으로 보임. 또한, 12단지, 14단지 인구의 마곡역 유동 동선상에 위치하여 수요가 높을 것으로 보이며, 초등학교 등 입지로 편의점 입점에 적합한 상가로 판단

앞에서 사례로 들었던 투자 경험담 중 단지 내 상가 투자 시 작성했던 나만의 체크 리스트다. 앞의 열아홉 가지 체크 리스트에 포함된 내용을 모두 종합해 점검 사항에 넣었다.

우선 배후 수요가 적절한지, 배후 단지를 살폈다. 비록 단지가 작았지만 인근 배후 단지를 흡수 할 수 있는지, 추후 업무지구 상권 확장 가능성이 있는지도 같이 염두에 뒀다. 그리고 임대료 대비 가격이 적합한지를 따졌는데, 1층 상가 평균 수익률에 비교하면 높은 수익률로 10점을 주게 되었고 건물 구조 역시 전면 폭이 넓은 점과 기둥이 없는 점도 높게 평가했다.

이처럼 상가는 다양한 요소를 봐야 한다. 비록 앞에서 본 것처럼 상가 투자에서 살펴야 할 게 너무 많아 어렵다고 생각할 수 있지만,

상가 투자는 그런 어려움 때문에 기회가 있다. 그리고 현장에 답이 있다. 어렵다고 피하지 말고 나만의 원칙을 세우고 현장을 많이 보자. 아파트보다 훨씬 더 많은 기회를 찾을 수 있을 것이다. 상가에서 월세 받는 꿈을 실현해 보자.

부록

주택임대사업자 제도
세금 폭탄일까, 절세 혜택일까?

그동안 아파트, 다세대, 다가구 주택 및 오피스텔을 임대하는 상당수 사람은 사업자 등록을 하지 않았다. 자연히 월세에 대해서 세금 부과 없이 소득을 누린 셈이다. 정부 발표에 따르면, 우리나라는 현재 835만 가구가 임차 가구다. 이중 공공임대가 136만 가구, 법인임대 42만 가구, 무상임대 77만 가구를 제외한 총 580만 가구가 사적 임대차 시장에서 전·월세 형태로 거주 중이다. 하지만 임대주택 등록 주택은 79만 채로, 등록률은 13%에 불과하다. 87%는 등록하지 않고 임대사업을 영위하고 있다는 말이다.

임대사업자 등록을 하지 않으면 정부에서는 소득을 확인할 방법이 없다. 실제 소득세를 부과하는 건 불가능한 일이지만 손 놓고 있을 정부가 아니다. 소득을 확인할 수 있는 방법을 모두 갖춰두고 2019년 1월 1일부터 발생하는 임대소득부터는 세금을 부과할 수 있도록 준비를 마쳤다. 그 준비 된 내용이 2018년 9월 13일 발표된 대책 내용이다. 아래 표를 보면 더 자세히 알 수 있다.

주택임대차 정보시스템 구축 개념도

임대차 계약정보		소유정보		자가여부	가격정보	공실여부
국토부	국세청	국토부	행안부	행안부	국토부	국토부
• 임대등록 시스템(LH) • 확정일자 신고자료 (RTMS)	• 월세세액 공제자료 • 주택임대 사업자 등록자료	건축물대장 소유정보	제산세 대장	주민등록 자료	• 공시가격 시스템 • 실거래가 신고자료 (RTMS)	건축물 에너지 정보

▼

주택임대차 현황자료 생산

2018. 9. 13. 대책 참조

9·13 대책 내용을 보면 주택임대차 정보시스템RHMS 구축이 이미 완료되었고 소득세 부과 준비를 마쳤다. 이 내용을 자세히 보면 사업자 등록을 하지 않았더라도 정부는 이미 소득을 파악하고 있었다. 임대인과 임차인이 월세 계약을 맺으면, 임차인이 가장 먼저 하는 일이 보증금을 보호받기 위해 주민센터에서 전입신고와 확정일자를 받는 것이다. 이때 임대 계약서를 제출하게 되는데 공무원은 전산에 임대차 계약 관계를 입력한다. 그리고 이 내용은 고스란히 국토부

자료로 남게 된다. 이렇듯 소득 파악은 이미 완료된 상태다.

업무용 오피스텔이라는 이유 등으로 임대차 계약 관계상 특약을 쓰고 임차인이 전입신고 및 확정일자를 하지 않으면, 서류상으로 공실 상태가 아닐까 하고 생각하는 분들도 있을 것이다. 이 부분도 RHMS에서 걸러질 수 있다.

위 도표를 보면 국토부에서 건축물 에너지 정보를 데이터화 해놓은 상태다. 즉 공실일 경우 가스나 수도 등의 사용내역이 없어야 하는데, 일반 주거와 동일한 사용내역이 있다면 거주하는 것으로 간주할 수 있다는 말이다. 이를 근거로 삼아 주변 시세를 바탕으로 임대소득세를 부과할 수도 있는 것이다. 혹시라도 이때 공실이었다면 주인은 그 사실을 소명하는 절차를 밟아야 한다.

즉 이제는 주택임대사업자 등록을 하지 않더라도 정부에서 소득세를 부과할 수밖에 없다는 점을 알고 있어야 한다. 2017년 12월 13일 발표된 주택임대사업자 등록 활성화 방안을 보면 제도에 대해 알아야 할 내용이 많다. 그리고 그 내용을 자세히 보면 알게 된다. 세금 폭탄 제도가 아니라 절세를 위한 내용이 많다는 것을. 따라서 주거용 임대사업을 하는 사람이라면 그 내용을 자세히 알아 두고 잘 활용해보자. 그러면 이보다 좋은 대안은 없다는 걸 알 수 있다.

2018년 9월 13일 발표된 주택시장 안정 대책에서 주택임대사업자 등록 활성화 방안에 이어서 추가로 영향을 미친 부분이 있다. 모두 세금과 관련된 내용으로, 주택임대사업자 제도를 세금별로 분류해서 정리해보았다. 아래 표에서 그 내용을 자세히 알 수 있을 것이다. 표만 이해한다면 어렵지 않다.

주택임대사업자 제도 부동산 세제 혜택 총정리

	임대사업 등록여부	40㎡ 이하	40~60㎡	60~85㎡	비고
취득세	등록	85% 감면		25% 감면	신축 공동주택, 오피스텔 최초 분양을 받은 경우만 감면
	미등록	주택 1.1%, 오피스텔 4.6%			
재산세	등록	면제	50% 감면	25% 감면	국가나 지자체 건설임대 주택, 2구가 이상 4년 이상 임대 조건 40㎡ 이하 1주택 임대 시 50%
	미등록	세제 혜택 없음			
종부세	등록	임대주택은 합산 배제			1가구 이상, 5년 이상 임대. 임대 공시가 6억 원 이하
	미등록	임대주택도 합산, 세제 혜택 없음			
양도세	등록	주택 수 제외, 장기보유 특별공제 40%			8년 준공공 임대사업 등록시 80% 장기보유 특별공제 적용
	미등록	주택 수 합산, 장기보유 특별공제 30%			
소득세	등록	30% 감면 (준공공 75% 감면)			2,000만 원 이하 소득 비과세 (2018년까지 적용) 필요 경비율 60% 적용
	미등록	세제 혜택 없음			

주로 지방세 특례 제한법 31조와 177조의 내용을 기반으로, 전체 임대사업자의 세금 제도를 정리했다. 세금 제도를 100% 이해하기란 정말 어렵다. 게다가 부동산 세금 제도는 너무 자주 바뀌기 때문에 그때마다 이해하는 게 쉽지 않다.

이 책을 준비하면서 정책이 두 번 바뀌었고, 임대사업자 주요 내용이 바뀌는 바람에 혼란이 있었다. 그런데 신기한 건 누구나 상황이 되면 자세히 알아보게 되고 내용을 이해하게 된다는 것이다. 따라서 아래 기술한 내용을 당장 이해하려 하지 말고 주택임대사업자 등록을 하면서부터 하나씩 이해해나가자.

지방세 특례법의 조항을 근거로 세금별로 주택임대사업자에게 어떻게 적용되는지 살펴보자.

제31조(임대주택 등에 대한 감면) ① 「공공주택 특별법」에 따른 공공주택사업자 및 「민간임대주택에 관한 특별법」에 따른 임대사업자(임대용 부동산 취득일부터 60일 이내에 해당 임대용 부동산을 임대목적물로 하여 임대사업자로 등록한 경우를 말한다. 이하 이 조에서 "임대사업자"라 한다)가 임대할 목적으로 공동주택(해당 공동주택의 부대시설 및 임대 수익금 전액을 임대주택관리비로 충당하는 임대용 복리시설을 포함한다. 이하 이 조에서 같다)을 건축하는 경우, 그 공동주택과 임대사업자가 임대할 목적으로 건축주로부터 공동주택 또는 「민간임대주택에 관한 특별법」 제2조 제1호에 따른 준주택 중 오피스텔(그 부속토지를 포함한다. 이하 이 조에서 "오피스텔"이라 한다)을 최초로 분양받은 경우 그 공동주택 또는 오피스텔에 대해서는 다음 각 호에서 정하는 바에 따라 지방세를 2018년 12월 31일까지 감면한다. 다만, 토지를 취득한 날부터 정당한 사유 없이 2년 이내에 공동주택을 착공하지 아니한 경우는 제외한다. 〈개정 2011. 12. 31., 2012. 3. 21., 2013. 1. 1., 2015. 7. 24., 2015. 8. 28., 2015. 12. 29., 2016. 12. 27.〉

1. 전용면적 60제곱미터 이하인 공동주택 또는 오피스텔을 취득하는 경우에는 취득세를 면제한다.

2. 「민간임대주택에 관한 특별법」 또는 「공공주택 특별법」에 따라 8년 이상의 장기임대 목적으로 전용면적 60제곱미터 초과 85제곱미터 이하인 임대주택(이하 이 조에서 "장기임대주택"이라 한다)을 20호(戶) 이상 취득하거나, 20호 이상의 장기임대주택을 보유한 임대사업자가 추가로 장기임대주택을 취득하는 경우(추가로 취득한 결과로 20호 이상을 보유하게 되었을 때에는 그 20호부터 초과분까지를 포함한다)에는 취득세의 100분의 50을 경감한다.

② 제1항을 적용할 때 「민간임대주택에 관한 특별법」 제43조 제1항 또는 「공공주택 특별법」 제50조의2 제1항에 따른 임대의무기간에 대통령령으로 정한 경우가 아닌 사유로 임대 외의 용도로 사용하거나 매각·증여하는 경우에는 감면된 취득세를 추징한다. 〈개정 2010. 12. 27., 2015. 8. 28.〉

③ 대통령령으로 정하는 임대사업자 등이 국내에서 임대용 공동주택을 건축/매입하거나 오피스텔을 매입하여 과세기준일 현재 2세대 이상을 임대 목적으로 직접 사용하는 경우에는 다음 각 호에서 정하는 바에 따라 재산세를 2018년 12월 31일까지 감면한다. 〈개정 2010. 12. 27., 2012. 3. 21., 2013. 1. 1., 2015. 8. 28., 2015. 12. 29., 2017. 12. 26.〉

1. 전용면적 40제곱미터 이하인 「공공주택 특별법」 제50조의2 제1항에 따라 30년 이상 임대 목적의 공동주택에 대해서는 재산세(「지방세법」 제112조에 따른 부과액을 포함한다)와 「지방세법」 제146조 제2항에 따른 지역자원시설세를 각각 면제한다.

2. 전용면적 60제곱미터 이하인 임대 목적의 공동주택 또는 오피스텔에 대해서는 재산세(「지방세법」 제112조에 따른 부과액을 포함한다)의 100분의 50을 경감하고, 「지방세법」 제146조 2항에 따른 지역자원시설세를 면제한다.

3. 전용면적 85제곱미터 이하인 임대 목적의 공동주택 또는 오피스텔에 대해서는 재산세의 100분의 25를 경감한다.

④ 「한국토지주택공사법」에 따라 설립된 한국토지주택공사(이하 "한국토지주택공사"라 한다)가 「공공주택특별법」 제43조 제1항에 따라 매입하여 공급하는 것으로서 대통령령으로 정하는 주택에 대해서는 취득세 및 재산세의 100분의 50을 각각 2018년 12월 31일까지 경감한다. 다만, 다음 각 호의 어느 하나에 해당하는 경우 그 해당 부분에 대해서는 경감된 취득세 및 재산세를 추징한다. 〈개정 2010. 12. 27., 2011. 12. 31., 2013. 1. 1., 2014. 1. 14., 2014. 12. 31., 2015. 8. 28., 2015. 12. 29., 2016. 12. 27.〉

1. 정당한 사유 없이 그 매입일부터 1년이 경과할 때까지 해당 용도로 직접 사용하지 아니하는 경우

2. 해당 용도로 직접 사용한 기간이 2년 미만인 상태에서 매각·증여하거나 다른 용도로 사용하는 경우

제177조의2(지방세 감면 특례의 제한) ① 이 법에 따라 취득세 또는 재산세가 면제(지방세 특례 중에서 세액 감면율이 100분의 100인 경우와 세율경감률이 「지방세법」에 따른 해당 과세대상에 대한 세율 전부를

감면하는 것을 말한다. 이하 이 조에서 같다)되는 경우에는 이 법에 따른 취득세 또는 재산세의 면제규정에도 불구하고 100분의 85에 해당하는 감면율(「지방세법」 제13조 제1항부터 제4항까지의 세율은 적용하지 아니한 감면율을 말한다)을 적용한다. 다만, 다음 각 호의 어느 하나에 해당하는 경우에는 그러하지 아니하다. 〈개정 2015. 12. 29., 2016. 12. 27., 2017. 12. 26.〉

1. 「지방세법」에 따라 산출한 취득세 및 재산세의 세액이 다음 각 목의 어느 하나에 해당하는 경우

    가. 취득세: 200만 원 이하

    나. 재산세: 50만 원 이하(「지방세법」 제122조에 따른 세 부담의 상한을 적용하기 이전의 산출액을 말한다)

부동산 등기 시 발생하는 주택임대사업자의 취득세

임대사업자 등록을 하지 않을 경우 취득세율은 아래와 같다. 그리고 대부분 임대사업용 주택이 전용면적 $85m^2$ 이하에 해당하므로 1.1%라고 봐야 하지만 앞서 알아본 것처럼 오피스텔은 업무용 시설로 분류되어 취득세율 4.6%에 해당한다.

부동산 취득의 종류		구분	취득세	농특세	교육세	합계	적용시점
주택 [유상 취득]	6억 이하	85㎡ 이하	1.0%	–	0.10%	1.10%	[시행] 2014.01.01 [소급적용] 2013.08.29
		85㎡ 초과	1.0%	0.2%	0.10%	1.30%	
	6억 초과 9억 이하	85㎡ 이하	2.0%	–	0.20%	2.20%	
		85㎡ 초과	2.0%	0.2%	0.20%	2.40%	
	9억 초과	85㎡ 이하	3.0%	–	0.30%	3.30%	
		85㎡ 초과	3.0%	0.2%	0.30%	3.50%	

최근 신규 분양하는 건물들을 보면 같은 모양의 주택이지만 일부는 도시형 생활주택으로, 일부는 오피스텔로 분양하는 경우가 많다. 주차 대수 때문이다. 이런 건물의 경우에는 분양가격이 같은 1억 5,000만 원이라고 하더라도 취득세가 다르다. 특히 앞의 지방세 특례 제한법 31조의 내용을 적용하면 그 세금액이 다르게 되는데, 이를 적용해 계산해보자.

〈주택임대사업 미등록 시 취득세〉
· 도시형 생활주택: ₩150,000,000 X 1.1% = ₩1,650,000
· 오피스텔: ₩150,000,000 X 4.6% = ₩6,900,000

〈주택임대사업 등록 시 취득세〉
· 도시형 생활주택: 지방세특례법 177조의 2에 따라 총 취득세 금액이 200만 원 이하면, 100% 감면
  세금 없음
· 오피스텔: 지방세특례법 177조의 2에 따라 85%(취득세 200만 원 이상) 감면
  ₩6,900,000 X (1−85%) = ₩1,035,000

이럴 경우 취득세 측면에서는 오피스텔이 불리하다. 그래서 통상 시행사 입장에서는 오피스텔은 상층부에, 도시형 생활주택은 아래층에 배치하거나, 오피스텔 가격을 낮게 책정하고 도시형 생활주택 가격을 높게 책정해 공급하기도 한다.

취득세에 있어 중요한 내용 중 많이 실수하는 내용은, 전용면적 $60m^2$를 초과한 오피스텔이나 주택의 취득세 적용이다. 많은 책이나 칼럼을 보고 50% 감면을 받는 것이라 여기지만, 그러다 잔금 치를 때 낭패를 겪곤 한다.

지방세 특례제한법 31조에 단서조항을 보면 $60~85m^2$ 이하의 주택은 50% 감면을 해주지만, 20호 이상 보유한 장기주택 임대사업자가 추가로 매입하는 경우에 한해서 50% 감면해준다고 되어 있다. 즉 대부분은 이 혜택을 받지 못하는 것으로 주의해야 한다.

주택임대사업자의 재산세 및 종합부동산세

주거용 부동산을 보유하게 되면 반드시 발생하는 세금이 바로 재산세다. 그리고 일정 수준 이상의 금액일 경우에는 종합부동산세를 납부해야 한다. 그렇지만 주택임대사업자의 경우에는 재산세와 종합부동산세에 대해 간단하게 이야기할 수 있다. 크게 문제 될 사안도 없고 어려운 내용도 없다.

우선 재산세는 면적에 따라 혜택이 다르다. 주택임대사업자 등록 시 다음 표와 같이 $40m^2$ 이하일 땐, 전액 면제가 된다. 단 2호 이상 임대를 조건으로 하며, 8년 이상 준공공임대사업자 등록 시에는 40㎡ 이하의 1주택 임대 시에도 2019년부터 재산세 감면이 적용된다. 그리고 그 이상 면적에 대해서는 4년 단기와 8년 준공공임대사업자에게 적용되는 내용에 약간의 차이가 있다. 다음 표처럼 40~60㎡ 이하와 60~85㎡ 이하의 감면율이 다르다.

구분		전용면적(㎡)			비고
		40 이하	40~60	60~85	
재산세	단기	면제	50%	25%	① 18.12.31까지 등록하는 경우 적용
	기업형 준공공	· 재산세액 50만 원 초과 시 85% 감면	75%	50%	② 2호 이상 임대 시 감면 ③ 공동주택 건축, 매입, 오피스텔 매입

종합부동산세의 경우, 임대사업자 등록 시 8년 장기임대 등록한 주택에 대해서는 100% 대상에서 제외된다. 다만 이를 과도한 혜택으로 보고, 2018년 9월 13일 부동산 종합대책에서는 1주택 이상인 사람이 조정대상지역에 새로 취득한 주택은 임대 등록을 해도 종합부동산세에 합산 과세 된다는 점 정도는 유의해야 한다.

주택임대사업자의 양도소득세

그동안 사람들이 주택임대사업자 등록을 했던 가장 큰 이유는 임대사업용 주택은 주택 수에서 제외할 수 있었기 때문(소득세법 시행령 제 155조 참조)이다. 소득이 있다면 당연히 세금을 내야 하지만 주택의 경우에는 1주택자에 한해서 2년 이상 보유, 조정대상지역은 2년 이상 거주 시 양도소득세를 면제해 준다.

단, 다주택자라면 1주택이 아니므로 일반과세가 적용되어 양도소득세를 내야 한다. 만약 내가 양도 차익이 큰 아파트를 가지고 있고, 1억 원의 원룸 주거용 오피스텔로 월세를 받고 있다고 하자. 주거용 오피스텔에 임대사업을 등록하지 않고 월세를 주고 있다면 2주택에 해당된다. 그리고 거주 중인 아파트가 3억 원 이상 차익이라면 자칫 오피스텔 때문에 1억 원 이상의 세금을 낼 수 있는 것이다.

이때 사람들은 오피스텔을 주택임대사업자로 등록하고, 기존 집을 매각하여 양도소득세 절세를 하곤 했다. 다만 이렇게 할 경우, 현재 법으로는 임대사업용 주택을 5년 이내에 매각하게 되면 양도소득세를 다시 내야 할 수 있으니 유의해야 한다. 그리고 주택 수에서 제외되는 내용도 2018년 4월 1일부터는 4년 임대사업 등록자는 해당이 없고, 8년 준공공임대사업 등록자만 해당되니 주의해야 한다. 또한 2018년 9월 13일 대책에서는 조정대상지역에 새로 취득한 주택은 임대 등록 시에도 주택 수에서 제외되지 않는다.

8년 의무 준공공임대사업자 등록 시, 기존 거주 주택뿐만 아니라 임대사업자 등록한 주택을 10년 이상 보유 시 100% 양도소득세 감면 혜택이 2018년 12월 31일까지 있었지만, 2019년부터는 70%까지 장기보유 특별공제를 적용한다. 이 점도 임대사업자에게 주는 절세 혜택이므로 잘 감안해서 투자하길 바란다.

주택임대사업자에게 절세 혜택을 주는 임대소득세

임대사업자 제도에서 2019년부터 가장 크게 바뀌는 것이 바로 임대소득세다. 수익형 부동산에 해당하는 임대사업용 주택은 그동안 사업자 등록을 하지 않은 경우에는 소득 노출되지 않아 세금이 전혀 없었다. 그리고 임대사업을 등록했다 하더라도, 2,000만 원 이하라면 임대소득에 대한 세금이 없었다. 조세 정의라는 명목에서 보면 소득에 대한 세금이 없다는 것은 맞지 않다.

하지만 2019년부터는 임대소득에 대해 세금을 부과한다. 중점은 사업자 등록을 하지 않은 경우에도 세금을 부과하고, 사업자 등록을 한 경우에도 세금을 부과한다는 점이다. 다만 적용하는 방식이 다르다. 주택임대사업자 세금은 기본적으로 14%의 소득세와 1.4%의 지방세가 합해서 15.4%의 세율(소득세법 64조의2)을 적용한다.

아래의 표를 자세히 보면, 일단 임대사업용 주택에 대해서는 사업자 등록을 하지 않더라도 50%의 경비율을 적용한다. 그리고 4년 임대사업자 등록 시 60%, 8년 준공공임대사업자 등록 시 60%의 경비율을 적용한다. 그리고 한 번 더 세금 감면을 해주는 것이 세액 감면 혜택이다. 사업자 등록을 하지 않은 경우에는 세액 감면이 없지만, 4년 등록 시에는 최종 세금 산정액에서 30%의 세액 감면을 해주는 반면, 8년 준공공임대사업자 등록을 하는 경우에는 75% 혜택이 있다.

사업자 구분	2018년			2019년 이후		
	미등록	4년 등록	8년 등록	미등록	4년 등록	8년 등록
필요 경비율 (연 임대소득 2,000 이하)	비과세	비과세	비과세	50%	60%	60%
세액 감면	–	30%	75%	–	30%	75%

소득세는 이렇게 표로 나열하면 어려워 보인다. 그리고 아직까지 부과된 적이 없기 때문에 와 닿기 쉽지 않을 것이다. 따라서 사례로 양도소득세까지 감안해서 계산해보자. 아래 표는 월 50만 원, 연 600만 원의 임대소득이 발생할 때를 가정해서 계산한 것이다.

	소득세 계산
미등록 사업자	(600만 원×50%(경비율 50%))×14% = 420,000원+지방세 42,000원 = 462,000원
4년 주택임대사업자	(600만 원×40%(경비율 60%))×14%×70% = 176,400원+지방세 17,640원 = 258,720원
8년 준공공임대사업자	(600만 원×40%(경비율 60%))×14%×25% = 63,000원+지방세 6,300원 = 92,400원

왜 절세 혜택을 주는지 잘 모를 것이다. 만약 금융소득으로 연 600만 원이 발생하면 세금은 어떻게 처리될까? 금융소득은 경비율이나 세액공제 항목이 없다. 15.4%의 소득세율이 부과된다. 이럴 경우 연 924,000원의 세금이 부과되는 셈이다. 하지만 금융 소득은 무디게 다가올 수밖에 없다. 왜냐하면 금융 이자소득을 받을 땐, 이미 원천 징수된 금액으로 나오기 때문이다.

반면 임대소득은 우선 임대소득을 먼저 받고 세금을 내게 되기 때문에 폭탄처럼 다가올 수 있다. 따지고 보면 준공공임대사업자 등록 후 600만 원 소득을 얻었을 때, 실제 세금은 92,400원에 해당하므로 1%대의 세율에 해당된다. 소득세 측면에서 본다면 주택임대사업자 제도는 세금 폭탄이 아닌 절세 혜택을 주는 제도라고 볼 수 있다.

주택임대사업자 제도와 관련해 많이 묻는 질문

Q. 구청 또는 시청에 주택임대사업자 등록을 하는데 4년이나 8년 중 하나를 선택하라고 합니다. 어떤 걸 선택해야 하나요?

A. 최근 주택임대사업자 제도 관련하여 가장 많이 받는 질문이 이 질문이다. 사실 8년을 의무 보유해야 하는 규정 때문에 사람들이 주로 4년을 고르려 하지만, 이는 잘못된 선택이다. 4년 주택임대사업자와 8년 주택임대사업자 내용을 표로 비교해보자.

표로 보면 복잡하지만 결론적으로 말하자면, 4년 제도는 큰 의미가 없다는 것이다. 우선 가장 큰 것이 주택 수에서 제외되지 않는다는 점이다. 결국 주택임대사업자를 등록하는 이유인 양도소득세 절세가 불가능해졌다. 따라서 4년 임대사업자 등록을 할 바에는 무등록 사업자가 나을 수도 있다.

구분		일반매입임대주택(4년)	준공공임대주택(8년)
등록 요건	임대호수	1호 이상	1호 이상
	의무임대기간	4년	8년
	가액기준	기준시가 6억 원(수도권 밖은 3억 원)	–
	면적기준	–	85㎡ 이하 주택
감면혜택	취득세 감면	60㎡ 이하 신규 공동주택	60㎡ 이하 85% 60~85㎡ 이하 50%
	재산세 감면	2호 이상(단독주택은 불가)	4년과 동일
	종부세 비과세	기준시가 6억 원(3억 원) 이하 합 산배제신청 가능 (단 조정지역 신규 매입 시 합산)	4년과 동일
	임대소득 감면	1호 이상 30%	1호 이상 75%
	거주주택 양도 소득세 비과세	불가	가능 (단, 조정지역 신규 매입은 불가능)
	양도소득세 감면	불가	가능
	장기보유 특별 공제	40%(6년 이상 임대)	50~70%(8년 이상 임대)

Q. 매년 5% 인상 제한은 어떻게 적용되나요?

A. 일단 임대사업자 등록을 하게 되면 취득세 및 양도소득세, 소득세 등 절세 효과가 있는 반면에 임대시장 안정화를 위해 임대료에 대해 전세, 월세 모두 연 5% 이상 인상이 제한된다. 그리고 이를 어길 경우 1,000만 원 이하의 벌금이 적용된다. 그런데 실무적으로 5% 상한선 제한과 관련해 많은 질의 사항들이 있다. 그 내용 중 두 가지 정도는 중요한 내용이 있어 예시를 통해 정리했다.

월세에서 전세 전환 시 5% 상한선 적용은?

만약 월세를 주고 있다가 전세로 전환하거나 전세에서 월세로 전환하는 경우에는 어떻게 5%를 적용할지 어려워한다. 이때 적용하는 것이 바로 전·월세 환산율이다. 규정상 전·월세 환산율을 아래와 같이 적용된다.

전월세 전환율 = 한국은행 기준금리 + 3.5%

더 정확하게 사례로 보자. 만약 9,000만 원에 산 오피스텔이 있을 때, 보증금 500만 원, 월세 40만 원을 받는 것과 전세 8,000만 원을 받는 것 중 어떤 선택이 이후에 더 높은 전세가를 받을 수 있을까? 아마도 많은 사람이 8,000만 원의 전세가 유리할 거라 생각한다. 왜냐하면 그동안 시장에서는 10만 원당 1,000만 원의 보증금을 적용한 사례가 많았다. 하지만 전월세 전환율로 계산해보면 보증금 500만 원 + 월세 40만 원은 아래와 같이 계산된다.

(500만 원+((40만 원 × 12개월)
/ 5.25%(한국은행 기준금리 1.75% + 3.5%))
= 96,428,571원

전년도에 보증금 500만 원, 월세 40만 원을 받던 사람은 1억 650

만 원까지 전세를 받을 수 있지만, 8,000만 원으로 전세를 준 사람은 8,400만 원까지만 올릴 수 있다. 이런 점에서 보면 보증금 500만 원에 월세 40만 원이 훨씬 유리한 조건이다. 그리고 전세는 주택임대차보호법상 세입자가 같은 임대료를 2년 주장할 수 있으므로 더욱 불리해진다. 이런 부분을 잘 감안해서 사전에 계산해보고 임대를 하는 지혜가 필요하다.

임대료를 내렸다가 올리는 경우에는 5% 상한선이 어떻게 적용되나?

보증금 1,000만 원에 월세 70만 원을 받는 사람이 있다고 가정하자. 이 경우 다음 해 5% 상한선을 적용하면 보증금 1,050만 원에 월세 73만 5천 원까지 임대료를 올릴 수 있다. 하지만 시장 상황이 좋지 못해 보증금 1,000만 원을 유지하고 월세를 50만 원으로 낮췄다고 해보자. 그런데 그다음 해 시장이 좋아져서 다시 월세를 70만 원으로 올려 받게 되었다면 어떻게 될까?

이 경우에도 5% 상한선 제도에 어긋난다. 5% 상한선은 바로 전년도 계약이 기준이다. 따라서 한 번 낮추게 되면 낮춰 준 금액에서 5%를 적용해야 한다. 따라서 이 경우에는 보증금 1,050만 원, 월세 52만 5천 원 이상으로 임대료를 부과하게 되면, 법에 위배되니 이 점도 유의하자.

주택임대사업자 제도 내용이다 보니 참 딱딱하고 어렵게 정리되었다. 아직 지자체에서도 많은 논란이 일고 있는 부분도 있고 심지어 2019년부터 부과되는 소득세는 어떤 절차로 부과될지 나온 방침이 없다 보니 많은 혼선이 예상된다. 게다가 주택 정책이 바뀔 때마다 임대사업자 제도도 변경되면서, 더욱 복잡하다. 따라서 사전에 하나씩 확인하는 것이 중요하다. 위의 내용을 사전처럼 펼쳐두고 하나씩 확인해보면 조금 더 빠르게 이해될 것이다. 주택임대사업자 제도가 어렵지만, 잘 파악하고 미리 대처하면 크게 활용할 수 있다.

통장에 월세가
꼬박꼬박 쌓이는
수익형 부동산

초판 1쇄 발행 2019년 1월 30일

지은이 최영식
발행인 곽철식

책임편집 박주연
디자인 강수진
펴낸곳 다온북스
인쇄 민언프린텍
출판등록 2011년 8월 18일 제311-2011-44호
주소 서울 마포구 토정로 222, 한국출판콘텐츠센터 313호
전화 02-332-4972 팩스 02-332-4872
전자우편 daonb@naver.com

ISBN 979-11-85439-02-0 (13320)

이 도서의 국립중앙도서관 출판예정도서목록(CIP)은 서지정보유통지원시스템
홈페이지(http://seoji.nl.go.kr)와 국가자료공동목록시스템(http://www.nl.go.kr/kolisnet)에서
이용하실 수 있습니다.(CIP제어번호: CIP2019002455)

• 다온북스는 독자 여러분의 아이디어와 원고 투고를 기다리고 있습니다.
  책으로 만들고자 하는 기획이나 원고가 있다면, 언제든 다온북스의 문을 두드려 주세요.

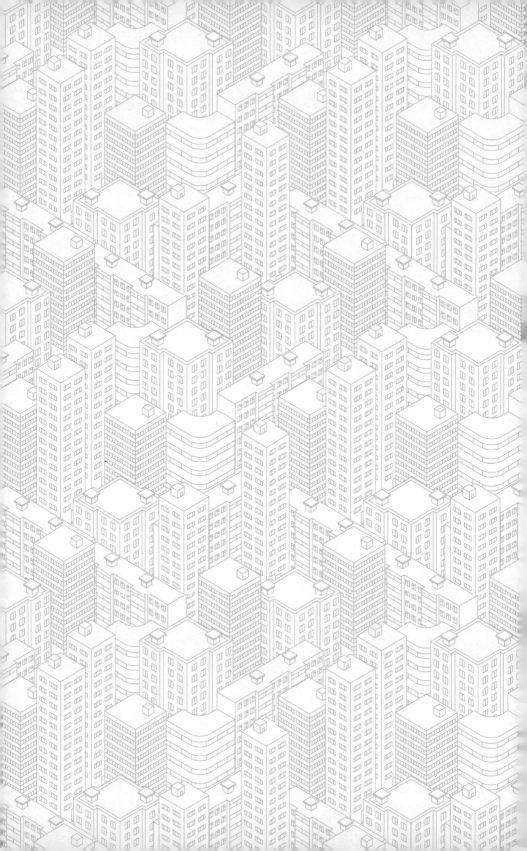